教育部全国创业类慕课项目、福建省省级精品资源共享课程项目及集美大学学科建设经费联合资助出版

大学生创业的理论与实践

庄贝妮 著

中国财经出版传媒集团

中国财政经济出版社

图书在版编目（CIP）数据

大学生创业的理论与实践／庄贝妮著． ——北京：中国财政经济出版社，2020.11

ISBN 978－7－5223－0085－6

Ⅰ.①大… Ⅱ.①庄… Ⅲ.①大学生－创业－研究 Ⅳ.①G647.38

中国版本图书馆 CIP 数据核字（2020）第 183279 号

责任编辑：彭　波	责任印制：史大鹏
封面设计：卜建辰	责任校对：张　凡

中国财政经济出版社 出版

URL：http://www.cfeph.cn

E－mail：cfeph@cfeph.cn

（版权所有　翻印必究）

社址：北京市海淀区阜成路甲 28 号　邮政编码：100142

营销中心电话：010－88191522

天猫网店：中国财政经济出版社旗舰店

网址：https://zgczjjcbs.tmall.com

北京财经印刷厂印刷　各地新华书店经销

成品尺寸：170mm×240mm　16 开　13 印张　212 000 字

2020 年 11 月第 1 版　2020 年 11 月北京第 1 次印刷

定价：68.00 元

ISBN 978－7－5223－0085－6

（图书出现印装问题，本社负责调换，电话：010－88190548）

本社质量投诉电话：010－88190744

打击盗版举报热线：010－88191661　QQ：2242791300

序

  作为一个曾经的创业者，创业的梦想始终萦绕心间。如果说，当年我们创业需要的只是激情和志同道合的同伴，如今的情况则大为不同。大学生创业正面临着前所未有的机遇和挑战。从机遇来看，从中央到地方的政策扶持为大学生创业梦想插上了翅膀；互联网技术的普及催生了很多新的产品与行业，大大拓展了大学生创业的边界；物流的发展让三四线城市甚至乡村的货物流通和消费升级都能轻松实现，这让大学生的市场定位有了更多的选择；创业平台、网络社区和自媒体的兴起，让大学生们能更精准地获得信息流，找到合作伙伴。因此，我常常鼓励学生们：如果想创业，现在正是时候！然而，我们也意识到大学生创业面临着比以往更大的挑战，创业从来不是一件简单的事情。全球经济的下行趋势让竞争更加激烈，知识的共享让商业模式的模仿与复制更加快速，这就要求大学生必须进行充分的创业准备，无论原本学的专业是什么，都需要掌握创业的理论和方法，以此来指导实践。否则，就像一个没有盔甲和武器的士兵，贸然进入战场，生存都困难，谈何制胜。

  我所在的教学团队承担着教育部创业类慕课《创业商业模式》和福建省精品在线课程《创业管理》的教学任务，对于创业的理论有一些积累和心得。从2015年至今，我指导了多支学生创业团队，见证了他们在各级各类创业比赛中屡获佳绩的高光时刻，也和他们一起品尝过创业中的艰辛与挫折。欣喜的是，参加创新创业活动的大学生与日俱增，很多当年参加创业竞赛的学生们，毕业后依然跋涉在创业的征途中。写本书的初衷，就是希望这些实际的创业案例能为后来者们带来启发。

  为了让读者阅读本书时，能更好地理解理论与概念，书中引入了许多现实中的案例。有些案例来自大学生创业者的原创，有些来自文献和新闻，所有案例都标明了出处，在此要对案例的原作者表示感谢。在写作过程中，我的同事陆晓倩副教授，集美大学研究生付家豪，本科生黄飞燕、葛陈坤、于小洁和蒋欣雨为我提供了许多帮助，感谢他们的辛勤付出。最后，感谢集美大学林必越教授和中国财政经济出版社对本书出版的大力支持！

庄贝妮

2020 年 8 月 30 日

第一篇　缘起——大学生创业正当时

第一章　大学生创业的现状与展望 …… 3
　一、大学生创业蔚然成风 …… 3
　二、大学生创业的未来趋势 …… 7

第二章　国内外创业教育的发展情况 …… 10
　一、我国创业教育的发展 …… 10
　二、国外创业教育的发展 …… 16
　三、国外创业教育对我国的启示 …… 26

第三章　国内外大学生创业政策概览 …… 31
　一、创业政策概述 …… 31
　二、我国大学生创业政策 …… 33
　三、国外大学生创业政策 …… 53
　四、国外创业政策对中国的启示 …… 61

第二篇　理论——大学生创业的一般规律

第四章　认识大学生创业 …… 67
　一、创业的定义与内涵 …… 67

二、大学生创业的定义 …………………………………… 68
三、大学生创业的意义 …………………………………… 70
四、大学生创业的类别 …………………………………… 72

第五章　大学生创业准备 …………………………………… 78
一、激发创业精神 ………………………………………… 78
二、增长创业能力 ………………………………………… 82
三、培养健康的身心素质 ………………………………… 86

第六章　创业机会与识别 …………………………………… 90
一、创业机会概述 ………………………………………… 90
二、识别创业机会的过程 ………………………………… 94
三、适合大学生创业的领域 ……………………………… 103

第七章　商业模式创新 ……………………………………… 113
一、商业模式的定义 ……………………………………… 113
二、商业模式的逻辑 ……………………………………… 115
三、商业模式创新 ………………………………………… 118
四、互联网商业模式创新 ………………………………… 122

第八章　创业项目路演 ……………………………………… 130
一、路演的概念及分类 …………………………………… 130
二、大学生创业路演准备 ………………………………… 133
三、知名企业路演案例分享 ……………………………… 143

第九章　创业风险与防控 …………………………………… 149
一、大学生创业风险的定义 ……………………………… 149
二、创业风险的类别 ……………………………………… 150
三、创业风险识别 ………………………………………… 156
四、创业风险防范 ………………………………………… 158

第三篇 案例——大学生创业看上去很美

第十章 "Who"案例群 …………………………………… 163
　　一、我是创业者 …………………………………… 163
　　二、寻找合作者 …………………………………… 168
　　三、组建团队 ……………………………………… 169

第十一章 "What"案例群 ………………………………… 172
　　一、选择创业项目 ………………………………… 172
　　二、聚焦目标市场 ………………………………… 177
　　三、确定商业模式 ………………………………… 178

第十二章 "How"案例群 ………………………………… 185
　　一、如何管理团队？ ……………………………… 185
　　二、如何打动投资者？ …………………………… 187
　　三、如何制订营销策略？ ………………………… 191
　　四、如何应对突发情况？ ………………………… 193
　　五、如何平衡工作和家庭？ ……………………… 196

第一篇

缘起——大学生创业正当时

第一章 大学生创业的现状与展望

当前国际形势复杂多变,全球经济面临下行压力。推动大学生创业,对于促进中国经济持续发展、寻求新的经济驱动力、加快科技向市场转化和缓解就业压力等方面都具有重大意义。而从大学生的角度来看,创业也不仅仅是满足就业和生存的需求。新一代的大学生有强烈的自我意识,创业是一些大学生实现理想、财富、兴趣和自由的有效途径。本章将简述大学生创业的现状,并对未来发展趋势进行展望。

一、大学生创业蔚然成风

(一)国家大力促进大学生创业

大学生是最具创业活力和潜力的群体。随着技术革命、数字经济的发展,大学生创业的机会与日俱增。从全球看,鼓励大学生创新创业已经成为许多国家的重要政策领域。在中国,近年来一系列的中央和地方政策都引领大学生投身创业浪潮,大学生创业孵化基地、大学生科技园等创业服务载体纷纷创立,推动了大学生创业活动的蓬勃发展。

2015年被称为大学生创业热的起始之年,"大众创业,万众创新"的呼声四起。2015年5月,国务院办公厅印发的《关于深化高等学校创新创业教育改革的实施意见》中,提出建立健全创新人才培养机制和创新创业教育课程体系,从国家层面对深化创业教育改革做出全面部署,高校开始设立专门的创业指导中心、校园创业孵化器。政府工作报告中多次强调在世界科技革命产业变革浪潮中,要发展创新型经济,就要依托互联网大数据平台,对市场资源要素进行优化配置,推动供给侧结构性改革,实施创新驱动发展战略。同年11月,李克强总理在北京会见中国博士后青年创新人才座谈会代表中谈及,"必须把创新驱动放在更加突出的位置,更多依靠人才资源支撑,以大众创业万众创新增强发展新动能,促进经济中高速增长、迈向中高端水平"。

2016年《国务院关于进一步做好新形势下就业创业工作的意见》中,对创业促进政策更加落到实处,如深化商事制度改革,民办企业"三证合一";放宽新注册企业场所登记条件限制,推动"一址多照"、集群注册等住所登记改革;推广创客空间、创业咖啡、创新工场等新型孵化模式,实现创新与创业、线上与线下、孵化与投资相结合,为创业者提供低成本、便利化、全要素、开放式的综合服务平台和发展空间;落实科技企业孵化器、大学科技园的税收代惠政策,对符合条件的众创空间等新型孵化机构适用科技企业孵化器税收优惠政策;将小额担保贷款调整为创业担保贷款,对个人发放的创业担保贷款,由财政给予贴息。这些解决创业痛点的政策极大地推动了大学生创业的发展。同时,2016年的"双一流"大学建设使中国高校的发展方向与建设重点悄然改变,提升大学综合实力不仅要提高办学质量、增加科研成果,更要有建设"创业型大学"的新方向,创新创业教育发展水平逐步成为高校综合实力评估的重要指标。

2017年联合国表决通过设立"世界创意和创新日",这标志着我国的"双创"理念已经受到了世界大部分国家的认可,创业的热潮在全球范围内兴起。我国继续出台鼓励在校大学生创业的政策,创新创业生态环境更为完善。在国家层面,通过开展"科技服务体系火炬创新工程""创业中国行动",不断加大资源集聚、平台建设、人才引进、政策完善等方面的工作力度,在全新的起点上推动科技服务规模化、体系化发展,国家高新区的科技服务能力逐步增强,服务机构发展环境不断优化,科技服务资源的集成整合初见成效。在创业扶持层面,众创空间、创业社区等创业载体逐渐形成高新技术转移转化通道和产业化平台,有效突破物理空间,依靠互联网、开源技术平台,为创业者提供低成本、便利化、开放式的创业空间,增加了创业者相互交流的机会。具体到大学生创业的扶持,各种配套政策逐渐细化,包括创业申请如何办理、创业补贴哪里申领、创业贷款该找谁等都有政策可依。

2018年第十三届全国人民代表大会第一次会议开幕,国务院总理李克强在政府工作报告中多次提及创新创业。报告提出要促进大众创业、万众创新,要提供全方位创新创业服务,推进"双创"示范基地建设,鼓励大企业、高校和科研院所开放创新资源,发展平台经济、共享经济,形成线上线下结合、产学研用协同、大中小企业融合的创新创业格局，打造"双创"升级版。同年11月，教育部发布《关于做好2019届全国普通高等学校毕业生就业创业工作的通知》，提出推动双创升级，着力促进高校毕业生自主创业。要求各地各高校将创新创业教育贯穿人才培养全过程，把创新创业教育和实践课程纳入高校必修课体系；各地进一步完善落实税费减免、创业担保贷款、创业培训补贴等优惠政策；加强大学科技园、创业孵化基地等创新创业平台建设，为大学生创新创业提供场地支持；各地各高校要进一步建立健全各级各类大学生创业服务平台，为大学生创业提供项目对接、财税会计、法律政策、管理咨询等深度服务。

2019年2月，国务院办公厅印发《关于加快众创空间发展服务实体经济转型升级的指导意见》，提出促进众创空间专业化发展，为实施创新驱动发展战略、推进大众创业万众创新提供低成本、全方位、专业化服务。同年5月，李克强总理对全国就业创业工作暨普通高等学校毕业生就业创业工作电视电话会议作出重要批示：就业是最大的民生，也是经济发展的重中之重。要把稳定和扩大就业放在更突出位置，全面加强就业服务。精准施策抓好高校毕业生、退役军人、农民工等特殊群体就业创业，以创业带动就业。

（二）大学生创业规模持续扩大

在全社会的多方支持下，大学生创业呈现出积极状态，大学生创业者规模持续扩大。麦可思研究院联合中国社科院发布的《2017年中国大学生就业报告》显示：中国大学生毕业即创业比例从2011届的1.6%上升到2017届的3.0%，接近翻了一番。以2017年795万名应届毕业生的总量计算，创业大学生的数量超过20万人。由中国人民大学牵头，北京师范大学、上海交通大学等30余家高校、企业和社会组织联合跟踪调查的《2017年中国大学生创业报告》显示，被调查的52所高校的大学生创业意愿持续高涨，大学生创业层次也在不断提升。根据报告，近九成大学生考虑过创业，26%的在校大学生有较强的创业意愿，其中有3.8%的学生表示一定要创业。麦可思研究院发布的《2019年中国大学生就业报告》显示：2018届大学毕业生自主创业比例为2.7%，较2014届（2.9%）略有下降。其中，高职高专毕业生自主创业的比例（3.6%）高于本科毕业生（1.8%）。2015届大学毕业生三年内自主创业比例高达6.2%（本科：

3.9%，高职高专：8.4%）。

从工商注册的角度看，2018年在各级市场监督管理部门首次登记注册的市场主体中，16~35岁的青年创业者有758.0万人，其中大学生创业者67.9万人，比上年增加3.5万人，增长5.4%。从行业选择来看，大学生创业向第三产业聚集，在文化、体育和娱乐业，信息传输、软件和信息技术服务业，科学研究和技术服务业等行业中创业的数量明显增多。从创业主体来看，海外留学人员选择回国创业的比例不断增加。到2018年底，我国留学回国人员累计总数达365.14万人，其中，2018年为51.9万人，比2017年增加约3.9万人。一大批留学人员创建的高新科技企业在留学人员创业园实现产业化，成功迈向国内乃至国际市场。

（三）大学生创业大赛如火如荼

以赛促教、以赛促学、以赛促创，是中国大学生创业教育与实践中的特色。创业类大型赛事近几年在国家的支持下如火如荼地发展着，"互联网+""挑战杯""创青春""中国创翼"等活动为大学生实现创业梦想打开了一扇窗口。创新创业大赛是推动产学研结合的关键纽带，日益成为培育创新人才的沃土，为建设创新型国家提供着源源不断的人才智力支撑。

历史最悠久的创业大赛是始于1989年的"挑战杯"全国大学生课外学术科技作品竞赛。"挑战杯"每两年举办一届，迄今已连续举办16届，通过学校、省（自治区、直辖市）和全国三级赛制进行，主张提高大学生的学术科研能力，培养大学生创新意识、创新思维和能力。2019年是"挑战杯"全国大学生课外学术科技作品竞赛30周年。30年的发展历程中，"挑战杯"比赛的规模不断扩大、影响力与号召力不断增强，吸引了广大高校学生的参与。从最初的19所高校，发展到100多所高校参与；从300多人的小擂台发展到200多万名大学生的竞技场。一代又一代的参赛者经过"挑战杯"的历练，收获了人生中珍贵的体验。

李克强总理亲自提议举办的中国"互联网+"大学生创新创业大赛是影响力最大的创业比赛。2014年首次举办大概有20万人参加，2016年第二届比赛有超过50万名学生参加，第四届参加的学生突破了200万，相较3000多万名的在校生总量，参加比率很高。2019年的第五届赛事，有来自全球124个国家和地区的457万名大学生、109万个团队报名参赛，参赛项目和学生数接近前四届大赛的总和。该大赛已经成为覆盖全国所有高校、面向全体高校学生、具有国际影响力的赛事活动。

二、大学生创业的未来趋势

(一) 实现个人价值是创业动力

任何一个群体的需求都是多方面、多层次的，这些需求的满足以一定社会条件为基础。经济和社会的持续发展，使人民生活水平日益提升，吃穿住行等基本生活需求不再困扰大多数人。大学生群体相较于过去拥有更好的经济基础，出现轻物质追求、重精神追求，轻个人利益、重社会责任，创业动力向高层次化、去功利化发展的趋势。如果说早期大学生创业的目标，大多是为了解决就业问题、追求财富，那么未来的大学生创业，则是以实现自我价值为主要目标。纯粹为了挣钱而进行创业不再是新一代大学生们的选择，吸引他们的将是有趣的事业、自由的工作方式、理想的实现。

(二) 创业呈低龄化趋势

随着中国创新创业教育体系的逐渐形成，针对中小学生的创新大赛日渐增多，一些中小学已积累了创新创业课程、活动或项目的成功经验。因此，大学生们在进入高校之前可能已经接触创新创业教育，对创业产生兴趣，甚至思考出很好的创业点子。创业，不再是大学生毕业之际或毕业后的选择，而是在学期间即可开展的实践，大学生创业低龄化是未来发展趋势。

(三) 互联网依然是创业的热点

随着新一轮技术革命的广泛延伸，万维网、物联网、云平台等信息数字化技术突飞猛进，对传统生产方式、服务方式和产业结构产生了深远的影响。互联网极大地提升了生产效率，丰富了服务形式，拓展了市场边界。对于大学生来说，互联网的普及能挖掘无数潜在的市场需求，互联网及其衍生技术推动了大众化协同生产创造的进程，互联网还降低了信息传播和供需匹配的成本，让大学生创业摆脱了对资产的依赖。可以预见，大学生创业与互联网的发展息息相关，从项目选择、目标市场调查、生产运营到价值传递，大学生都需要充分发挥互联网的作用。

（四）目标市场下沉是大势所趋

下沉化指产品或品牌向低一级的目标人群拓展，从一二线城市向三四线城市扩展、由高端向低端发展的一种做法。中国的一二线城市竞争十分激烈，低端市场的潜力凸显。下沉创业具有成本低、竞争小、风险小的优势，是大学生创业成功的快车道之一。目前市场下沉化最明显的是电商与直播行业。在"农产品进城、消费品下乡"的过程中，电子商务正从大中城市、一二线城市，向三四线城市乃至农村地区延伸。直播行业则让"素人"们拥有了展示的平台，自媒体的商业力量日益崛起。因此，未来大学生们的创业必将与市场下层的趋势结合。

（五）互补共赢的团队是成功保障

越来越多的大学生意识到，单打独斗无法获得创业成功，创业团队至关重要。现阶段的"毕业季即散伙季"，主要源于大学生创业之初常常以同学、老乡、好友等作为团队成员，大家用感情维系团队，同时在分工上模糊、随意，未能实现优势互补。而随着"大科学"时代的来临，面对市场的复杂化，知识开始进行协同共享，知识的"集成效应"日益获得重视。大学生在创业团队的建设上，将汇聚不同学科背景的知识个体，进行跨专业融合。这意味着，大学生跳出自己的熟人圈，更加理性地选择团队成员，彼此分工明确、各司其职，用规则而不是感情维系团队。

本章参考文献

[1] 罗华，邓思琴. 移动互联网时代内容创业的内容生产标准及未来趋势浅析 [J]. 中外企业家，2019（11）.

[2] 王雪，刘彦平."双创"背景下的大学生创业问题研究 [J]. 现代盐化工，2020（2）.

[3] 蔡梓杰. 大学生创业者成就动机、差错取向与绩效的关系：团队结构特征的调节作用 [D]. 浙江大学，2018（6）.

［4］曲绍卫，汪英晖．趋势、困境与出路：我国大学生创业的互联网化特征分析［J］．继续教育研究，2018（4）．

［5］麦可思．2019年中国大学生就业报告［EB/OL］．(2019－06－21)［2020－03－31］．https：//www.jianshu.com/p/1624f9c3dad0．

［6］庞诗．大学生创业者规模持续扩大，更多留学者选择回国创业［EB/OL］．(2020－02－04)［2020－07－31］．http：//www.chinanews.com/gn/2020/02－04/9077873.shtml．

第二章 国内外创业教育的发展情况

在全球化竞争日益激烈的今天,一个国家的创新与活力需要有创新精神并能付诸行动的年轻企业家。教育作为塑造青年一代的态度、技能和文化的重要途径和方式,对于培养具有创新精神的企业家具有不可忽视的作用。研究表明,创业(至少在某些方面)是可以教授的,创业教育是培养创业意愿、增强创业能力的重要途径。

关于高校创业教育的起源,有三个普遍流传的观点:第一种观点认为创新创业教育的起点是1938年日本神户大学名誉教授藤泽吾藤开设的创业教育课程;第二种观点认为1947年哈佛大学商学院的迈阿斯·梅斯教授开设的课程《新企业管理》,标志着创业教育在高校中的出现;第三种观点认为1989年联合国教科文组织在北京召开的"面向21世纪教育国际研讨会"上发表的"学会关心:21世纪的教育圆桌会议报告"中第一次提出"Enterprise Education"的概念,代表着创业教育正式面世。

目前创业教育是世界范围内的重要研究议题,全球高校创业教育课程数量急剧上升,创业教育投资持续增加。那么,国内外分别做了哪些创业教育的探索和实践,各国的创业教育有何异同,具体到高校的创业教育,又有哪些全球经验可以借鉴呢?本章选择了欧美亚三大洲中的具有代表性的国家美国、英国和韩国,阐述和比较这三个国家和中国创业教育的发展情况。

一、我国创业教育的发展

中国的创新创业教育,相较于英国、美国等西方发达国家,起步较晚,但近年来国家各级政府高度重视,高校和社会教育机构群策群力,"创新创业教育"已成为全社会关注的热词。中国的创新创业教育事业依靠后发优势，走出了一条具有中国特色的教育发展道路，为全球教育发展贡献了中国智慧和中国力量。

（一）我国创业教育的兴起

早在20世纪80年代，中国腾飞过程中的"钱学森之问"就提出创新人才培养的大课题。1998年，清华大学率先开展"创业设计"大赛的课外活动。1999年教育部公布的《面向21世纪教育振兴计划》中，首次提出要加强创业教育，鼓励学生自主创业。1999年团中央、教育部、中国科协、全国学联联合主办开展了两年一届的大学生"挑战杯"创业计划竞赛，这一赛事在一定程度上激发了学生创业的热情，有助于缓解市场化改革对各类创业人才的渴求，但这一时期的创新创业教育仍然停留在单一的大赛和活动中。

2002年4月，教育部确定清华大学、北京航空航天大学、中国人民大学、上海交通大学、南京经济学院、武汉大学、西安交通大学、西北工业大学、黑龙江大学这9所高校作为国内首批创业教育试点院校，标志着我国高校创业教育正式启动。2009年，高等教育学会在湖南召开会议，决定成立中国高等教育教育学会创新创业教育分会，标志着国内高校创业教育有了专门的学会组织，此后，国家出台的高校创业教育政策性文件更加具体、明确。2010年以来，随着人口红利消失、老龄化严重、资源枯竭等问题的到来，"资源驱动"经济发展模式急需转变为"创新驱动"。2011年党的十七届五中全会《中共中央关于制定国民经济和社会发展的第十二个五年计划》中明确指出，要坚持把科技进步和创新作为加快转变经济发展方式的重要支撑，急切要求将自主创新摆在重要位置。2015年5月4日，《国务院办公厅关于深化高等学校创新创业教育改革的实施意见》发布，拉开了高校创业教育高速发展的序幕。2018年初，教育部发布了本科专业类教学质量国家标准，明确了各专业创新创业教育目标要求。截至2018年底，全国高校开设创新创业教育专门课程2.8万余门、上线相关在线课程4100余门，创新创业教育专职教师超过2.7万人，校内创新创业实践平台达1.3万个。此外，全国共有9.3万余各行各业优秀人才走进高校，担任创新创业指导教师。教育部还会同国家发展改革委建设了19个高校双创示范基地，建设了200所深化创新创业教育改革示范高校，建立了全国万名优秀创新创业导师人才库，依托国家级精品在线开放课程建设项目，推出了52门创新创业教育精品慕课，会同国务院发展研究中心研制了创新创业教育质量评价体系，中国的创业教育日臻完善。

（二）我国创业教育的特点

1. 创新创业教育政策的体系化、全面化

党的十八大以来，就创新创业这一主题，中共中央、国务院以及各省区市出台了一系列与高校创新创业教育息息相关的文件。从政策层面来看，中国创业教育政策出台的集中性、全面性在全世界独树一帜。2014年5月9日，国务院办公厅发布《关于做好2014年全国普通高等学校毕业生就业创业工作的通知》。2015年3月2日，国务院办公厅发布《关于发展众创空间推进大众创新创业的指导意见》，指出为加快实施创新驱动发展战略，顺应网络时代大众创业、万众创新的新趋势。2015年3月13日，中共中央、国务院发布《关于深化体制机制改革加快实施创新驱动发展战略的若干意见》，提出"企业、科研院所、高等学校协同创新，创新活力竞相迸发""允许高等学校和科研院所设立一定比例流动岗位，吸引有创新实践经验的企业家和企业科技人才兼职"。2015年4月27日，国务院发布《关于进一步做好新形势下就业创业工作的意见》，提出"深入实施大学生创业引领计划、离校未就业高校毕业生就业促进计划，整合发展高校毕业生就业创业基金，完善管理体制和市场化运行机制，实现基金滚动使用，为高校毕业生就业创业提供支持"。2015年5月4日，国务院办公厅发布《关于深化高等学校创新创业教育改革的实施意见》。《意见》在肯定高校创新创业教育取得积极进展的同时，也指出了存在的突出问题。2015年6月11日，国务院发布《关于大力推进大众创业万众创新若干政策措施的意见》。2016年5月，中共中央、国务院印发《国家创新驱动发展战略纲要》。《纲要》分析和明确了国家创新驱动发展战略提出的战略背景、战略目标、战略部署、战略保障等重要内容。其中，就高校这一创新主体，提出了相关要求。2017年1月10日，国务院发布《国家教育事业发展"十三五"规划》，明确了"十三五"期间高校创新能力和创新型人才培养的目标。2017年，国务院又发布了《关于强化实施创新驱动发展战略进一步推进大众创业万众创新深入发展的意见》《关于深化产教融合的若干意见》等文件。此外，中央各部委、各省区市也出台了一批与高校创新创

业教育相关的指导性文件。例如，国家税务总局、财政部、人力资源社会保障部、教育部、民政部于2014年6月13日联合发布的《关于支持和促进重点群体创业就业有关税收政策具体实施问题的公告》，明确了高校在校生、毕业生申请高校毕业生自主创业证、税收减免等问题。2014年5月22日，人力资源社会保障部等九部门联合印发《关于实施大学生创业引领计划的通知》，文件指出：2014～2017年实施新一轮"大学生创业引领计划"。2016年11月11日，教育部办公厅发布《关于开展首批深化创新创业教育改革示范高校认定工作的通知》，提出通过"认定一批深化创新创业教育改革成效显著的示范高校，推出一批可复制可推广的经验做法，深入推进高校创新创业教育改革，切实增强学生的创新精神、创业意识和创新能力，全面提高人才培养质量。"等等。各省区市、各高校也根据中共中央国务院文件精神相继出台了结合本地区、本单位实际的实施细则，从文件涵盖的内容看，可谓全覆盖。

通过梳理党的十八大以来有关高校创新创业教育的各级各类政策文件可以发现，这一系列文件在肯定我国高校创新创业教育取得的前期成果的基础上，进一步明确了高校创新创业教育的发展目标和任务，提出了高校创新创业教育的发展路径及保障措施，对我国高校创新创业教育的快速发展具有重要指导意义。

2. 创新创业教育模式多样化、立体化

示范校是创业教育的"排头兵"。教育部办公厅于2016年12月、2017年7月，公示了包含清华大学、北京大学、中国人民大学、北京理工大学等200所深化创新创业教育改革示范高校，这些高校既有双一流高校也有省属重点、高职高专、民办类院校，为不同地区、不同层次、不同类别高校创新创业教育改革起到了较好的示范作用，为更高层次、更深程度、更关键环节深入推进创新创业教育改革起到了促进作用。

课堂教育是创业教育的基础。课堂教育一方面传授创新创业知识和提升学生综合素质，另一方面培养学生创新创业意识。根据教育部有关文件精神和具体要求，各高校将创新创业教育写入人才培养方案，开设了创新创业的必修课和选修课，并计算学分，开发了系列创新创业教育教材，把创新创业教育与专业课教育、通识课教育有机融合。通过开设相关课程及专业、举办讲座，帮助学生了解并掌握创业知识及能力。为更好发挥课堂教学在高校创新创业教育中的主渠道作用，高校除了积极构建高校创新创业教育课程体系外，还在改革创新创业教学方法和教学评价标准、强化创新创业实践教学、开展创新创业教学研究与理论研究等方面积极开展了相关配套探索。目前我国高等学校，尤其是重点大学基本都开设了创新创业教育课程，很好地发挥了课堂教育在创新创业教育中的主渠道作用。

教育制度改革切实促进大学生创业实践。首先，部分高校采用了灵活的听课制度。例如，浙江大学采取了较为灵活的制度，允许正在创业的学生可以不上，通过自学或者老师指导，最后参加考试。其次，部分高校延长了学校教育年限，允许学生将4年制的学习延长到6年。例如，山东省在2013年发布了一份文件，鼓励省内高校允许全日制学生在暂时休学期间创业。

创业师资是创业教育的关键要素。2016年11月至2017年10月，教育部办公厅在各地各高校创新创业导师人才库的基础上建设全国万名优秀创新创业导师人才库，首批选定了中关村科技园区丰台园科技创业服务中心程军、北方工业大学高德文等4492名高校、企事业单位等创新创业导师，努力汇聚优质共享的创新创业导师资源，切实发挥导师的教育引导和指导帮扶作用，提高创新创业教育的针对性和实效性。

创业基地、创客平台、创业孵化器使创业教育理论联系实际。教育部办公厅于2015年7月、2016年12月评选了两批"全国高校实践育人创新创业基地"，清华大学、北京大学、中国人民大学、河北省曲周县人民政府、天津凯立达众创空间孵化器有限公司、中国第一汽车集团公司等高校、地方政府、企业代表成为创新创业基地。以2013年雷军和李儒雄共同投资成立的武汉光谷咖啡创投有限公司为例，凭借其交流、孵化、培训、融资等平台优势，已打造出天使有约、创业门诊、大学微路演、路演、青桐汇、创业大赛和创业服务峰会七大类创业主题活动。此外，北京创客空间、深圳柴火创客空间、上海新车间、杭州Onion Capsule（洋葱胶囊）等创客空间都是国内较为典型的创客平台。

创新创业联盟是创业教育的助推器。围绕国家加强高校创新创业平台建设的战略部署，国家级、省级、市级等各类创新创业联盟纷纷成立，如中国高校创新创业教育联盟、全国高校创新创业投资服务联盟、中国教育创新校企联盟、中国高校创新创业孵化器联盟、全国大学生创新创业实践联盟、全国高校双创教育协作媒体联盟、中关村百人会天使投资联盟纷纷成立。以中国高校创新创业教育联盟为例，自2015年6月11日，中国高校创新创业教育联盟在清华大学成立。首批成员单位包括清华大学、北京大学、浙江大学、复旦大学、上海交通大学、南京大学等139所高校，百度、阿里巴巴、腾讯、英特尔、微软等创新型企业以及部分事业单位和社会团体。中国高校创新创业教育联盟在教育部的指导下，联合各成员单位凝聚高校和社会各界力量，充分发挥高校的人才和智力优势，共同研讨创新创业教育的理念、方法和体制机制，搭建全国高校创新创业教育资源共享平台、创新创业教育国家级智库、创新创业教育国际合作桥梁。

3. 创新创业大赛影响大、有时效

近年来，各类创新创业赛事实践活动的举办，为高校青年学生聚集和整合了创新创业资源，搭建了服务青年学生创新创业的平台，弘扬了创新创业文化，激发了青年学生创新创业的热情。政府主管部门、高校和企业共同努力，以大赛作为创业教育的重要载体和平台，以赛促学、以赛促教、以赛促创，汇聚源源不断的创新动能，成为中国创业教育的亮点。教育部已连续四年成功举办中国"互联网+"大学生创新创业大赛，累计有490万名大学生、119万个团队参赛，促进了一批学生创业项目的落地。除了"互联网+"之外，"创青春""创客中国""中国创新创业大赛""电子商务三创赛"等创新创业大赛也是全国大学生巅峰对决的舞台。在地区层面，"创业在上海""创客广东""青桐汇""中国（福建）女大学生创新创业大赛""中国杭州大学生创业大赛""辽宁大学生创业大赛""内蒙古大学生创业大赛"……众多所在地区高校参加的竞赛各具特色，既有政府、教育部门组织的，也有行业、企业组织的，让更多有志于创业的大学生获得展示的机会，并为社会不断地输出优质创业项目。

4. 创业教育一体化、生态化

中国的创新创业教育发源于市场需求，腾飞于政府主导，逐渐演变成目前政府、高校、企业和社会协同合作的局面，形成创业教育的良好生态环境。政府在经费、场地、税收、社保等方面给予政策保障，企业为创新创业教育提供孵化平台和场所，学校既对学生进行创新创业知识的教育，又为学生创新创业提供实验场地，社会为高校创新创业教育营造良好的舆论环境。目前在中国，创新创业教育是全社会的共识，"大众创业、万众创新"的观念深入人心。政府、高校、企业、社会在创新创业教育方面逐渐深度融合，高校、企业正在涌现一批优秀的创新创业导师，高校已培养出一批优秀的创新创业人才，服务于创新型国家建设。

5. 创业教育国际化、辐射化

创新创业教育已经成为中国为世界高等教育发展贡献的新经验。近年来，教育部着力深化创新创业教育国际合作，从"一带一路"大学创新创业教育校长论坛到"21世纪海上丝绸之路"大学校长论坛，近50个国家和地区高校代表共商高等教育合作发展，世界创新创业教育之声在中国汇聚，中国创新创业教育之声开始影响世界。中国"互联网+"大学生创新创业大赛开通了国际赛道，"创青春"全国大学生创新创业大赛也邀请欧美高校和港澳高校共同参与，搭建起全球双创教育的交流平台，增进了中外学生的创新交流，进一步提升了中国高等教育的国际影响力和竞争力。不断增加的国际创业交流，让全球的创业学子们有了合作契机，期待未来带着中国基因的创业团队能在国际舞台上展现风采。

二、国外创业教育的发展

（一）美国创业教育

美国是世界上最富有创业精神和活力的经济体之一。相关数据显示，初创企业是美国经济发展和就业增长的主要推动力，初创企业创造了约20%的就业岗位，高增长企业（多为年轻企业）创造了约50%的就业岗位。美国的创业教育不仅是美国培养创业人才、促进创业发展、推动经济增长的重要途径，还成为全球各国争相效仿的创业教育典范，在全球范围内发挥强大的影响力。

1. 美国创业教育的兴起

美国商人霍勒斯·摩西认为，高中生虽然能从书本上学习到商业理论知识，但这仅仅是起点，商业实践经验比理论知识更为重要。1919年，霍勒斯·摩西创立了青年商业社，帮助有创业意愿的学生成立自己的公司，青年社实施的商业实践教育尝试，在很大程度上催生了美国创业教育。

创业课程在美国大学中的开办，最早可追溯到1927年密歇根大学开设的鼓励创业的课程。20年后的1947年，哈佛商学院为第二次世界大战的退伍老兵开设了《新企业管理》（management of new enterprises）课程。1967年，斯坦福大学和纽约大学开创了现代MBA创业教育课程体系，这些课程专注于财富创造与企业创建。1968年，百森商学院在本科教学中开设创业方向成为首创。1971年，南加州大学最早设立有关创业的工商管理硕士学位，并于次年最早创立创业本科学位。由此，创业教育在美国大学正式起步。1975年美国的学院和大学提供了约百门创业教育的正式的项目（主修课、辅修课或证书课）。1985年，美国有253所大学开设了创新创业教育或企业管理课程。1997年，全美超过400多所商学院和大学开设了至少一门创新创业课程。21世纪以来，美国创业教育进入逐步完善和良性循环阶段，政策法律环境与社会支持网络都在日益完善，开设创业课程的大学呈现爆发式增长。此外，有更多的大学通过构建融合师生、研究人员、校友、本地企业家和社区组织人员在内的创新创业生态系统，以及广泛的、多样化的创新创业活动，推动地方社会和经济的发展。特别是研究型大学，创造了创新创业导向的校园文化，并致力于实现师生的研发成果和创新技术商业化、市场化。统计显示，2007年，全美高等教育机构开设的创新创业课程增长到5000多门。2016年，开设创新创业课程的高等教育机构增长至1600多家。目前美国至少有450所大学颁发创新创业方向的学士、硕士或博士学位证书，每年有大约9000名教师讲授创业教育的课程，超过40万名学生投入课程学习中。除了高校之外，美国创业教育内容涵盖范围从小学至研究生阶段，逐步形成了完整的社会体系和教学研究体系。

2. 美国创业教育的特点

（1）不断完善的课程体系。

美国大多数院校都将创业作为一个专业领域或研究方向，因而具有完整且成系统的教学计划和课程结构体系。以美国百森学院为例，学校设有创业课程教学大纲和外延拓展计划。就创业课程教学大纲而言，它将课程分为公选课程与核心课程。公选课程面向全校学生，内容涉及外国文化、历史研究、文学艺术、伦理道德、自然科学及社会分析六大领域，体现科学教育与人文教育的有机整合。核心课程面向本科生和研究生，课程体系包括战略与商业机会、创业者、资源需求与商业计划、创业企业融资和快速成长五个部分。课程内容采用模块化结构，主要由基本理论、案例分析和模拟练习等模块组成。这种系统化的课程设计，有效地保证了创业教育理念的落实和教育目标的实现。此外，跨学科开展创业教育，也是美国高校的首创，美国很多高校将促进跨学科合作、构建跨学科项目作为创业教育的核心原则，并着力践行这一原则。创业教育早不是商学院的专属课程，随着创业教育的发展，创业教育的实施者和接受者都表现出跨学科和多学科倾向。例如，斯坦福大学不仅在商学院开设创业教育课程，还在工学院、文理学院、地球科学学院、法学院、医学院和教育学院开设不同数量、种类的创业教育课程。跨学科的发展让课程体系更加多元化，也让商科以外的学生也能实现创业的梦想。

（2）灵活的教学管理制度。

美国高校制定了诸多支持性的制度和措施，鼓励大学生创业。20世纪30年代，麻省理工学院率先规定"五分之一原则"，即教师可以在一周内的任意一天去从事咨询或参与企业活动，这既保证教师正常从事教学和科研工作，又可以将高校中最新的研究成果带到实际应用当中去，还可以将企业中的新问题反馈到校园中来。现在这一制度几乎被美国所有大学接受，全方位助推了大学生创业教育。同时，美国高校普遍允许学生既可全日制上课，也可半日制上课。既允许教师休假创业，也允许学生休学创业一段时间以后，再回校复课学习。

（3）体验性极强的实践环节。

美国高校为学生提供参与企业实习、商业计划竞赛、专家咨询等活动机会，鼓励学生们将理论知识应用于课堂之外。麻省理工学院将"理论和实践相结合"作为本校开展创业教育工作的原则之一，为学生提供了诸多创业教育体验和实践机会。例如，麻省理工学院创业和创客技能项目（MIT Entrepreneurship and Maker Skills Integrator，MEMSI）由麻省理工学院和香港大学主办，主要面向两所学校中对硬件制造和产品开发感兴趣的创新创业者。项目为期两周，在这两周中参与的学生将会有以下收获：与来自不同国家的志同道合的创新者交流和合作；了解中国工厂大规模生产的机制和程序；选择一个有待解决的问题，提出解决方案，建立模型，开发商业案例并陈述方案潜在风险；培养强烈的创业精神和创新思维，发展扎实的软硬件开发技能。

（4）优质的专兼职教师队伍。

美国大学配备的创新创业教师，分为全职和兼职两个类别。全职教师主要开展研究和理论教学，但也不是"闭门造车"，美国高校鼓励和选派专职教师从事创业及创业实践体验。很多美国大学商学院的教授都曾有过创业的经历，并担任过或现在仍然担任一些企业的外部董事，这使他们对创业领域的实践、发展趋势及创业教育社会需求变化有良好的洞察力。教师的创业实践体验主要通过模仿进行，如教师组成小组设计商店店面、寻找商店地点、给商店取名、判断销售目标、讨论预算、开发广告等，通过体验创业过程，积累创业经验，从而可以更好地指导学生开展创业教育活动。兼职教师主要开展实践教学，他们大多是既有创业经验又有一定学术背景的资深人士，以短期讲学的方式参与大学创业教育项目。他们丰富的实践经验为大学创业教育提供了鲜活的思维，极大地丰富了课堂教学内容。

(5) 创业教育组织机构多样化。

美国高校内有各种创业教育组织机构,这些机构将校内外资源进行了整合,让创业教育的形式更加多样化。其主要组织结构有:创业教育中心(CenterBased Model),联通各院系合作,开展全校创业教育,主要负责制订和实施创业教育课程计划、创业教育研究计划、外延拓展计划;创业家协会,一般由比较杰出的创业家组成,他们不但要参与教学,还为创业中心提供资金和各种捐助;智囊团,主要由董事长、首席执行官、总裁等组成,每年定期召开两次会议,提出一些改进的建议与措施,充分发挥咨询与外联的作用;创业研究会,每年召开一次学术交流会议,为创业研究者提供人际沟通机会,还出版会议交流论文、索引、文摘及相关信息;家族企业研究所,主要负责开设家族企业系列讲座、家族企业研讨会、颁发杰出家族企业奖等,目的是帮助家族企业快速成长并成功地把企业交给下一代。

(6) 市场驱动的创业教育。

美国高校创新创业教育是典型的"市场驱动"模式,市场需求是高校创新创业教育的方向。美国高校重视与政府、企业的联系,同时,重视校友资源的作用。通过与校友企业保持有效联络,进一步促进了高校教育应用于实践,同时高校人才也为企业提供了智力支持。非政府投入创业资金是高校创业实践的主要来源。例如,2014年美国东南部乔治亚研究所启动程序"CREATE-X",教职员工和校友在没有政府支持的情况下提供创业资金,当年就诞生了8家公司。到目前为止,其中55家运行良好,预计到2021年开放270家新公司。参加的学生人数从2014年的59人继续增加到逾千人,形成了可持续的创业生态系统。

(7) 创业教育全球化。

发展全球项目是美国高校创业教育的发展趋势,高校通过跨国、跨校间的长短期合作项目着力培养创业者的全球视野,打造具有全球竞争力的初创企业者和初创企业。如麻省理工学院成立了国际科学和技术项目(MIT International Science & Technology Initiatives),通过与国外的公司、高校、研究机构等建立合作关系为学生和教职员提供国际化教育和培训经历。麻省理工科学和技术项目与全球25个国家的机构建立了合作关系,为学生提供了丰富的全球项目,旨在确保学生拥有丰富的国外体验,拓宽他们的视野,并使他们成为其所在研究领域的全球领导者。学生项目方面,麻省理工学院筹建了全球实习项目（International Internship Program）、全球教学实验室（Global Teaching Labs）、全球创业实验室（Global Startup Labs）等，学生通过参与这些项目，不仅可以体验到国际化的教育经历，更有机会在全球领先的公司和实验室中获得真实的工作经验。项目组还会在学生申请通过后对学生进行语言、文化、时事、健康、安全、技术等培训，确保学生能够在参与过程中获得深刻的、实质性的体验，而不只是一个旁观者。

（8）创业教育评价体系社会化。

随着高校创业教育的迅速发展，其相应的评价体系也变得日益重要。自20世纪90年代初开始，美国的《商业周刊》《创业者》《成功》等杂志就先后开始对大学创业教育项目进行一年一度的评估。为了更好地评估大学的创业教育项目，威斯帕（Vesper）在多年研究的基础上提出评价的七个因素：提供的课程、教师的学术成果、社会的影响力、毕业校友的成就、创业教育项目的创新性、毕业校友创建新企业情况、外部学术联系（包括举办创业领域的重要学术会议和出版学术期刊）。评价体系的构建与评价机制的运作，既增强了高校间的竞争意识，也促进了创业教育的快速发展。

（二）英国创业教育

自20世纪80年代以来，英国创业教育与创新创业实践活动已经走过了30余年的历程，形成较为完善的创业教育体系和课程特色，是目前世界上开展创新创业教育最为成功的国家之一。世界知识产权组织、康奈尔大学等机构2017年联合发布的全球创新指数（GII）报告显示，英国在近130个国家和经济体中创新表现排名第五（前四名分别为瑞士、瑞典、荷兰和美国）。2018年由全球创业发展研究院（GEDI）发布的全球创业指数（GEI）报告显示，英国排名第四，美国、瑞士和加拿大分别位列前三。

1. 英国创业教育发展历史

1987年英国政府发起的"高等教育创业计划"成为英国政府引导下大学生创业教育的开端。1988年，英国政府启动了"大学生创业项目"，为在校大学生提供设计创业课程和开办公司等服务。1997年，以迪尔英爵士为主席的英国高等教育调查委员会经过一年多的调查研究，广泛征求社会各界意见，发表了《迪尔英报告》，对扩展创业教育给予了明确的支持。

1999年，英国宣布成立12个科学创业中心（UKSEC）。1999年，王子基金和王子国际商业领袖论坛共同发起了"青年创业国际计划"（YBI），整合国际资源，以帮助弱势青年成长为成功的企业家。YBI已经在包括中国在内的几十个国家开展，在世界范围内组织了近万名业导师，像中国的柳传志、马云等著名企业家都位列其中。21世纪以来，英国创业教育进入成熟期，政府提出建设创业文化的目标，大力提倡创业，采取各种措施努力使全社会都形成一种创业文化氛围。在这个时期，创业课程从创意培训逐渐演变为大学开设的系统的、全面的课程体系，有45%的高校已开设一门创业教育课程，创业教育在创业教育教学、社会参与、资源整合等方面都得到迅速发展。2001年，英国政府启动了高等教育创新基金，截至目前，该基金已向社会延伸基金1.4亿英镑。2004年，英国政府创建了英国科学创业中心（UK-SEK）与全国大学生创业委员会（NCGE），兼有教学和孵化器的双重作用，重在促进创新成果转化，它在服务创业教育之外，更注重联系企业为大学提供资金和咨询指导。同年，英国贸工部下属的"小企业服务中心"拨款15万英镑，设立了"创业远见"组织，发起英国规模最大、影响最广的创业竞赛活动"显示你的成功——开始谈论创意"，至今已进行了6000多次竞赛，参与人数过百万。通过连续多年的创业教育，英国大部分大学生都接受了创业教育的正规学习，提升了创业意识，有强烈的创业意愿。英国的创业教育经验在世界范围内获得认可，成为其他国家学习、效仿的对象。

2. 英国创业教育的特点

（1）政府高度重视。

英国高等教育质量保障署（QAA）2012年第一次发布创新创业教育指导文件以来，国家指导就开始成为创新创业教育及评估的关键政策驱动。2016年教学卓越框架的发布为高等教育机构提供了构建高质量创新创业教育的指南。该框架文件中有专门章节对创新创业教育的教学卓越和学生成果提出标准和要求，将学生的成果与学习成绩的衡量指标扩展至学生在企业的参与程度、学生的创新数量等多个维度。2017年，英国政府颁布了"工业战略建设"指南，强调政府的目标是支持下一代企业家并加强其规模化，强调创新创业对成功实施工业战略的重要性。英国商业能源和工业战略部（BEIS）创建了"首席企业家顾问"这一全新的职位，以加大对企业家的支持，引进国际最佳做法，并确保各商学院能够让更多学生受益。2018年1月QAA发布了创新创业教育的最新标准文件，强调创新创业教育对于学生创造力的积极影响。新的标准文件设计了一个收集毕业生就业创业数据的模型,对非传统路线的学生(如创业者、自谋职业者或自由职业者)有了更好的跟踪。目前,英国创新创业教育已经作为一门独立学科纳入高等教育学科分类(HECoS)编码系统,这改变了之前该学科在原有联合学术编码体系(JACS系统)的缺失,创新创业教育从政策、制度上得到了良好的保障和重视,这一系统已于2019年秋季开始实施。

(2)社会各界广泛参与。

得益于国家在政策层面对创新创业教育的引导和重视,各类社会组织和企业合力支持创新创业教育。全国高校企业家协会(NACUE)、全国创业教育中心(NCEE)、全国大学生创业委员会(NCGE)、高等教育学院(HEA)、英国创业教育者机构(EEUK)以及各级各类科技园、企业孵化中心机构的参与,为创新创业教育提供了灵活而广阔的空间。例如,英国创新创业者教育协会(EEUK)覆盖全英100余家高等教育机构,拥有约1400名教育工作者和从业人员。EEUK还发放研究基金和助学金,为政策落实作出贡献,并与国家创新创业教育中心(NCEE)每年举办一次国际创新教育者大会(IEEC)和国家企业教育家奖(NEEA)。再如,区域发展局(Regional Development Agencies)以协调者的身份帮助政府促进大学与企业关系的发展,建立合作机制。英国创业教育还有一个亮点是校企密切合作,企业为高校的科技园区提供资金扶持,科技园则为企业解决技术问题,相辅相成,互利双赢。

(3)素质教育导向的全覆盖教学体系。

英国在创业教育的初期,存在"功利化"的教育理念,即把岗位训练作为创业教育目标,鼓励大学生成为企业家。但如今,创新创业教育不仅培养人们成为企业家的能力,它更是一种品质教育,让人拥有积极的生活态度。创业教育全方位覆盖,创业教育更加体系化。英国2012年的《国家创业教育标准》规定,创新创业教育不限于任何特定年龄段,应存在于各种各样的创新创业活动中。该文件的颁布,让中小学也纳入了创业教育的范围。目前,英国中小学课程中已经引入了大量的创新创业元素,以增强学生的创新创业意识,挖掘学生成为企业家的潜力,同时帮助他们在中学毕业时作出更明智地选择。在小学阶段,创新创业教育鼓励独创性,并进行个人理财教育。例如,"我学故我行"项目(YES)让小学生了解校内学习如何与校外的职业产生关联;"小小银行家"项目(My Bank)让学生体验如何经营一家银行等。中学则将学科知识教育、职业管理与学生未来创新创业的紧密联系，例如，伦敦东区的一所中学联合校外的企业团队，为学生提供实践技能，以此增强学生的创业信心。学生看到所学的课程与自己的生活及未来的相关性，也能更有动力、更快地学好知识。英国政府还与银行合作设立了针对青少年的创客扶持基金，鼓励青少年创新创业。在大学里，创业教育更加注重教授大学生创业的理论，揭示创业的规律原理，培养学生的创业素质、创业精神、创业思维。

（4）日臻完善的高校创业教育。

①完善课程体系。英国高等教育质量保障署相关文件指出，高等教育领域的创新创业教育要重点关注三个方面：一是学习关于创新创业的内容（learn about）；二是为创新创业做准备的学习（learn for）；三是在"做中学"（learn through）。同时从构建学生创新创业思维、创新创业意识、创新创业技能、创新创业有效性这四个维度提出人才培养体系。英国高等教育领域的创业教育已经从20世纪80年代初主要在商学院部分学科开展到现在的跨学科、跨领域。3/4的大学在本科阶段开设了创业类课程，部分大学开设"创业学"（entrepreneurship）专业或"创业方向"（pathway），或开设第二专业。研究生阶段开设了创业学MBA，以培养具有浓厚创业意识和很强创业实践能力的高层次专业化人才。

②建立创业中心和科技园区，鼓励学生创业。英国高校的创业中心开展各类创业活动，并对学生进行相关培训，提供创业服务与咨询。例如，诺丁汉大学的创业和创新研究所启动的"学习商业"项目、斯特灵大学的"研究和创业"活动。英国许多大学都建立了科技园区，为创业的大学生搭建实践实习平台，提供价格比较低廉的场地和咨询，使他们在专业成功人士的支持下顺利进行创业。据统计，英国科技园的数量有100多个，而大学科技园则占总数的1/4。例如，拉夫堡大学（Loughborough University）的创新中心就是创新知识或科技型新企业的商业孵化器，该中心主动向创业者开放图书馆资源，提供办公场地、实验室、咨询服务等。杜伦大学（Durham University）的蒙特桥科技园区不仅向创业者提供办公类服务，而且帮助创业者向当地政府申请社会和财政资助。英国高校还致力于举办各种创业竞赛，如牛津大学的"21世纪企业挑战赛"与曼彻斯特大学的"Venture Out"（初级创业）与"Venture Further"（深度创业）竞赛项目。

③培养高水平师资队伍。创新创业教育本身是一个多学科、多领域、跨学段、多能力的融合教育，对学生的创造力、领导力、行动力等综合素

质的培养和提高需要社会各级力量的协同合作。为此，英国高校一方面充分利用商科以外学科的师资，使学生思维更加开阔；另一方面，通过兼职教师的方式邀请校友、企业家演讲，加强对校外资源的利用。目前，英国高校的创新创业教育师资以高校任职教师为主，聘用各行业代表为辅，共同对学生进行指导。

（三）韩国的创业教育

1. 韩国创业教育发展历史

早在20世纪80年代，韩国政府就开始制订相应的计划，支持部分高校开展创业教育，并孵化出了不少优秀的企业家和中小企业。一直到20世纪末，其支持力度一直呈上升趋势，但支持范围局限于首都首尔范围内的一些高校或者高水平的研究院，其目标主要在于建设国际知名大学和培养创新应用型人才。到了21世纪初，面临着国际金融危机爆发和国内长期失业率居高不下的现状，韩国政府开始制订和实施几乎覆盖所有高校的大型计划，同时定期开展评估，并且根据评估结果给予财政和人力上的支持。从2010年开始，韩国高校的创业教育得到了全面发展，创业教育生态不断趋向完善。2013年，全韩境内共有160所四年制高校开设了创业教育课程。2016年，随着韩国政府在五大区域开展的三次大规模支持创业教育发展的计划，几乎每个区域都产生了大量的创业类专业和内容丰富的创业课程，进修人数也逐年上升。截至2017年底，韩国共有194所高校创建了创业学院或者创业保育中心，同时开设创业课程的高校及创业课程量也随之得到了飞速增长。2017~2018年全球创业观察报告显示，韩国政府在创业方面的政策支持在整个亚洲和大洋洲54个经济体中排名第4位，并且在主要发达经济体中排名第1位，其中有很多政策都是着眼于促进高校创业教育发展的。经过了近40年的发展，韩国形成以创业支援中心为平台的社会实践教育、以创业学科建设为主导的专业化教育和以依托产学合作的生态化创业教育为主的高校创业教育三大模式，并且在教学、资源开发及成果转化上形成了鲜明的特色。

2. 韩国创业教育的特点

（1）政府通过大项目构建创业生态。

韩国政府对于高校创业教育非常重视，并且给予国家战略层面的支持。多年来，政府持续推出大项目，从政策和资金上保证了创业生态的构建。2004年，韩国政府实施了旨在促进区域和大学共同发展的计划（NURI，2004~2009年），每年平均投资260亿韩元（约合人民币1.52亿元），共计投资1.24兆韩元（约合人民币88.94亿元），最终在地方和高校形成一个有效的产学协作体系。该系统旨在为企业、大学、智囊团和政府彼此间的研发、技术转移和人力资源开发提供一个战略工具，该计划的中期评估得到社会各界的认同。鉴于NURI的发展经验，韩国教育科技部、韩国国家研究基金会为实现当局政府提出的"创造经济"愿景、实现经济的快速增长出台了新一轮的产学合作大型工程——产学合作先导工程（LINC项目）。该工程由三大政府部门牵头，经过三轮评估遴选出51所高校，从2012年开始，每年资助1700亿韩元，用于促进产教融合和支持创业教育发展。之后，韩国9部门联合出台了"产学合作五年计划"（2016~2020年），即LINC+项目，这一轮项目特别强调了要进一步推动高校创业教育的发展，鼓励大学毕业生创新创业。无论是NURI还是LINC、LINC+，这三项大型工程的目标都是对大学教育进行全面改革，以促进地方企业与大学的直接合作，扩大青年就业和创业规模，增强企业竞争力。

（2）创业学科建设专业化。

与其他国家不同的是，韩国高校不仅仅进行课程建设，还将创业教育当作一个专业来建设。2000年，韩国教育部提出在未来3年投入1900亿韩元，用以推进创业教育发展，资金和政策的支持促进了创业教育专业化、学科化的进程。韩国高校创业学科化进程分为两个阶段：第一阶段是以经管类院系为中心创办创业学专业；第二阶段则全面推广创业学专业建设，在各学校建立创业学部或研究生院并开设一系列课程，实行系统化教育。此外，韩国研究生创业教育富有特色。面对创业教育需求的不断扩大，韩国政府于2004年将全国划分为首都圈、京畿江源圈、忠清圈、庆尚圈和全罗圈五大区域，在每个区域中各选取1所高校创建了创业研究生院。当年共有50多所高校提出申请，经过激烈竞争，最终指定湖西大学、中央大学、大田大学、晋州产业大学和艺园艺术大学为创业研究生院事业高校，2014年又在成均馆大学、延世大学、国民大学、启明大学、釜山国立大学建立了创业研究生院，并逐渐产生了创业学博士项目。这种划分区域进行学科建设的优势在于，区域内实现了充分的竞争，从全国范围来看则实现了较广的覆盖面。

（3）注重实践的创业教育。

韩国高校创业教育开展围绕学生社会实践来进行，最典型的模式就是创业支援团（创业支援中心），几乎覆盖每一所大学。韩国实施了"产学合作先导工程"和"产学合作五年计划"，有近60所高校在顶层设计和组织架构上让产学合作与创业教育融合。被遴选进入产学合作工程和计划的高校，依托政府提供的基金和资源，在合作基金会或产教融合中心之下建立了师资齐备、多专业参与、成果转化机制健全的创业教育平台。这一方面是为了方便吸收产学基金的投入，另一方面是希望形成综合型的创业教育平台。实践证明，这种方式拓展了创业教育平台的功能性，同时也有利于依托产学合作平台多主体参与的特性，让企业、研发机构、学生创业社团能够充分融合，塑造浓厚的创业氛围。韩国西京大学的创业支援中心就是典范，其依托教育基金的支持，建立了完备的创业支持体系。该体系包含创业能力诊断测试、专题讲座、创业公开课、创业资金扶持等14个模块，既培养学生的创造性思维能力，也培养创业教育运营等方面的人才。此外，韩国对于创业师资的实践经历有特别的要求，教师必须具有企业工作经历或者先到企业进行调查、学习和研究之后，才可以从事创新创业方面的教育。在高校的创业教育理论课教师中，78%的教师有企业工作经验，50%以上的教师有3年以上在企业或研究部门工作的经历。富有实战经验的师资为指导学生开展创业实践提供了保障。

（4）创业教育国际化。

韩国高校创业教育起步之时就效仿了美国和日本的成功经验，创新创业教育的教科书大多直接采用美国的版本，课堂教学模式也大多照搬美国模式，更多地突出学生的活动和研讨，老师只起辅助作用，这充分发挥了学生的主观能动性和创造性。为了让创业教育更国际化，韩国政府制定了许多优惠政策，吸引更多的留学生来韩国学习。韩国高校还经常从国外特别是一些发达国家聘请一些具有创新创业教育先进经验的专家来学校任教，目的是拓展学生视野。为了提高创业学科的科研水平和教学水平，韩国高校聘请国内外专家担任学科带头人，重视借鉴国内外先进的教学理念和教学模式，提高工作效率和科研水平。

三、国外创业教育对我国的启示

目前，我国在最新的全球创新指数中排名第22位，全球创业指数排名第43位。要想缩小我国在创新创业领域与发达国家的差距，就要从分析自身的优劣势出发，同时学习国际先进的经验和措施。

（一）拓展创新创业课程体系

创新创业教育不简单等同于创业教育，更不应该等同于成功创业教育或"企业家速成培训"。创新创业教育的真正意义是培养面向未来的创新型人才，他们具有创新精神，可以推动经济社会发展。因此，可借鉴英国的做法，关注"人"的发展和持续培养，从纵向和横向两个方面拓展创业课程体系。纵向立足于创业教育的各个阶段，将创业教育从高等教育往中小学延伸。我国的创业教育主要在大学开展，学生们在步入高校前的十二年教育中，接触创业教育的内容还较少。创新意识及创业思维不是一朝一夕能够形成的，创业教育只有"从娃娃抓起"，才能让学生们循序渐进地开发创业潜力、增加创新的能力。为了实现这一转变，就需要将中小学教育的机构、专家纳入课程体系建设过程中，针对各个年龄段的学习能力、思维特点等编制教学计划，在全国选择试点城市进行推广，再根据推广的情况进行调整，并最终纳入义务教育。横向立足于社会各种人群的广泛覆盖，让创业教育走出"象牙塔"，走向社会。可借鉴美国战后针对退伍军人开展的创业培训，围绕伍军人、残疾人、下岗工人等特殊群体开展创业教育的研究，开发务实、有针对性的课程。

（二）完善创业教育评估

创新创业教育的评估通常被认为是一项重大挑战，因为创新创业教育的效果很难衡量。然而，高质量的创新创业教育必须严格地评估其学习成果及其有效性。可借鉴美国的经验，让社会力量代表的第三方参与高校创业教育的评价，增加考察的角度。也可借鉴英国的《国家创业教育标准》，不仅考量学校的创新创业活动数量，还考量学校如何管理、支持、规划、组织和教学，跟踪记录学生的创新创业技能发展，将学生"学习成果列表"、"自我评估表"、"学习日志"等数据材料作为评估的关键要素。

（三）改革高校规章制度

根据教育部2019年颁发的《关于深化本科教育教学改革全面提高人

才培养质量的意见》的文件要求，将创新思想运用于本科教育教学改革，制订更为灵活、开放的规章制度支持大学生创业。高校应建立与学分制改革和弹性学习相适应的管理制度，扩大学生学习的自主权、选择权，为学生开展创业活动提供便利。允许创业的在校大学生选择自学、线上学习等听课方式，完成作业、考试通过即可获得学分。鼓励大学生利用业余时间创办公司，实现技术转移和技术创新。适当延长学习年限，例如，将本科4年学制延长到6年，允许学生在保留学籍的情况下休学创业。

（四）培养高水平师资队伍

创新创业教育本身是一个多学科、多领域、跨学段、多能力的融合教育，对学生的创造力、领导力、行动力、数据分析能力等的培养和提高需要团队而不是个人力量。随着创新创业教育的不断成熟，它在深度和广度上变得更加复杂。这对高质量师资的需求日益增加，教师队伍应该是优势互补的团队，既有了解创新创业知识的教师，也有通晓各个专业领域的教师，还需要有实践经验的老师，依靠集体的智慧完成创业教育的使命。然而，对于大多数接受通识教育的学生而言，授课时间有限，多人同时授课在教学体系、教学安排上也存在难度。因此，就要求授课教师是复合型人才，那些"教得了创业办不了实业"，缺乏实践经验的教师无法符合教学的需要。可借鉴韩国和英国的做法，一是提高对创业教育师资实践经历的要求，没有实践经验的，学校创造条件让其实践。授课教师需要不断学习和成长，重视创新创业教育教师的专业发展规划及继续教育。二是与国外创业名校合作，引进国际创业名师，发挥学科带头人的作用，带动师资队伍的快速成长。

（五）提升创新创业氛围

创新文化则是一切创新创造的精神源泉，是创新驱动发展的根基，一切创新活动离不开创新文化的支撑和引领。我国的传统文化中本就有"重仕轻商"思想，再加上年轻一代"小确幸"的价值导向，朝气蓬勃的年轻人千军万马都去考公务员追求"铁饭碗"。他们对创业认同度低，不愿意承担创业失败的风险。因此，要促进创新创业，首先要改变价值观念，全社会共同塑造浓厚的创新创业氛围。反观美国，追求个人成功，敢于冒险的氛围对于创业有积极作用。而韩国普遍认可"小而美"的企业，愿意在细节上挖掘商业机会，也推动了年轻人投入创业浪潮中。习近平总书记在两会的发言中说："中国人民是具有伟大创造精神的人民，只要13亿多中国人民始终发扬这种伟大创造精神，我们就一定能够创造出一个又一个人间奇迹"。各级政府、高校、社会机构应根据习近平总书记的指示，坚定信念，从创新文化的塑造着手，宣传企业家精神、工匠精神，激发创新创业活动。

本章参考文献

[1] 常建坤，李时椿．美国的创业教育及其启示 [N]．光明日报，2005-12-28 (11)．

[2] 张竹筠．美国大学的创业教育对中国的启示 [J]．科研管理，2005 (26)：86-87．

[3] 向东春，肖云龙．美国百森创业教育的特点及其启示 [J]．现代大学教育，2003 (2)：80．

[4] 张帆，张帏．美国大学创业教育发展及对中国的启示 [J]．中国人才，2003 (8)：7-9．

[5] 宫福清，闫守轩．英国大学创业教育课程特色与启示 [J]．现代教育管理，2016 (8)：84-88

[6] 范琳．英国高校创业教育生态系统建设及启示 [J]．教育与职业，2017 (12)：41-46．

[7] 欧庭宇．英国高校创业教育模式探讨 [J]．当代青年研究，2017 (1)：118-122．

[8] 郭英剑，苗青．英国高校创业教育研究 [J]．学术探索，2018 (3)：141-146．

[9] 沈东华．英国高校创业教育的发展进程 [J]．教育评论，2014 (7)：156-158．

[10] 赵军魁．比较视阈下大学生创新创业教育路径优化研究——基于日本、韩国的经验借鉴 [J]．吉林师范大学学报（人文社会科学版），2019，47 (6)：118-124．

[11] 施永川，王佳桐．韩国高校创业教育发展的动因、现状及对我国的启示 [J]．华东师范大学学报（教育科学版），2019，37 (1)：46-54

[12] 朴钟鹤．韩国创业型英才教育探析——以"青年创业士官学校"为例 [J]．比较教育研究，2016，38 (7)：32-36．

[13] 贾汉忠，赵俊霞，刘丽斌等．高等院校创新创业教育模式探析 [J]．教育教学论坛，2019 (49)：25-27．

[14] Bird B. Implementing entrepreneurial ideas: The case for intention [J]. Academy of Management Review, 1988, 13 (3): 442 -453.

[15] Izedonmi PF, Okafor C. The effect of entrepreneurship education on students' entrepreneurial intentions [J]. Global Journal of Management and Business Research. 2010. 10 (6): 49 - 60

[16] Robinson P, Haynes M. Entrepreneurship education in America's major universities [J]. Entrepreneurship Theory and Practice, 1991, 15 (3): 41 -52.

[17] Dyer W G. Toward a theory of entrepreneurial careers [J]. Entrepreneurship Theory & Practice, 1994, 19 (2): 7 -21.

[18] Volkmann C. Entrepreneurship studies: An ascending academic discipline in the Twenty - first century. Entrepreneurial studies in higher education [J]. Higher Education in Europe, 2004 (2): 177 -185.

[19] Charney A, Libecap G. Impact of entrepreneurship education, insight [J]. A Kauffman Research Series, 2000: 1 - 8.

[20] Brooks R, Green W S, Hubbard R G, et al. Entrepreneurship in American higher education [EB/OL]. (2008 - 07 - 24) [2019. 12. 20] http://www. kauffman. org/ ~ / media/kauffman _ org/research% 20reports% 20and% 20covers/2008/07/entrep _ high _ ed _ rep ort. pdf.

[21] Dunn k. The Entrepreneurship Ecosystem [J]. Technology Review, 2005 (9): 17.

[22] GEM. Global Entrepreneurship Monitor Report 2017 -2018 [EB/OL]. (2019 - 07 - 12) [2020 - 01 - 21]. https://www. gemeonsortium. org/report.

[23] Jiang, Zhou. An analysis of China's higher education public policy " college students can suspend study to start up businesses" [J]. Open Journal of Social Sciences, 2017 (5): 272 -281.

第三章　国内外大学生创业政策概览

近年来,中国高校在校大学生人数增长迅速,就业压力日趋紧张,推动大学生创业成为缓解就业压力的重要举措。另外,大学生是创新创业的生力军,是科技创新的中坚力量与创新人才的核心部分。创业政策是大学生创新创业活动的宏观环境,必要的政策支持既是激活大学生创新创业的前提,也是增强大学生创新创业实际效果的良药。从中央到地方,各级政府陆续制定和颁布了针对大学生创业的政策,为大学生创业奠定了良好的政策基础。那么中国现有的大学生创业政策着力点何在?与世界上其他国家的创业政策存在哪些差异?是否可借鉴各国经验进一步完善创业政策框架,以推进大学生创业进程呢?本章将梳理近年来我国各级政府出台的创业政策,并比较中外大学生创业政策差异,为完善大学生创新创业政策提供思路。

一、创业政策概述

(一) 创业政策的概念及分类

1. 创业政策的概念

政策指国家机关、政党组织和其他社会政治集团为了实现自己所代表的利益与意志,以权威形式标准化地规定在一定的历史时期内,应该达到的奋斗目标、遵循的行动原则、完成的明确任务、实行的工作方式、采取的一般步骤和具体措施。

创业政策是增加创业机会、提高创业技能、增强创业意愿,从而提升创业水平、促进"创业型经济"发展的一系列制度安排或政策工具(辜胜阻，2018）。创业政策对创业动机、创业技能、创业机会等核心要素具有催生作用，甚至决定着创业的成败（刘军，2015）。创业政策的本质是刺激创业，在政府所辖范围内采取的鼓励创业的举措，致力于提高国家或地区的创业活跃度（孟莹，2017）。

2. 创业政策的分类

在创业政策分类上，学者持有不同的观点。创业政策可因执行对象、具体操作方式等分为不同种类型。辜胜阻（2019）将创业政策分为4种类型：中小企业政策的推广、新企业的创立政策、细分创业政策和全面的创业政策（整体创业政策）。他认为当前中国实施的创业扶持政策主要是第一类创业政策和第三类创业政策，仅仅是中小企业政策和科技创新政策的组成部分，并不是一种系统全面的整体创业政策。其中，第一类创业政策即中小企业政策的延展，是政府扶持创业的法律法规；第三类创业政策则是侧重于不同类型创业群体的支持。

曹颖等（2020）将创业政策划分为孵化政策和规范政策。孵化政策为初创企业提供综合性工作服务和基础性配套设施，提供良好的创业成长环境以及协助进行融资业务等。孵化政策在企业初创时期，能够帮助创业公司扎稳根基，增加域内创业公司数量，提高创业公司存活度，吸引外部人才、资金、技术流入，加强创业公司之间联系。创业融资政策如小额担保贷款、创业投资基金、创业贷款基金等是创业孵化政策的重要形式之一。规范政策包括狭义和广义之分。在狭义上，是指在国家或地区内对于创新创业价值、精神与文化氛围的支持态度的引导与营造的政策。在广义上，还包括国家或地区的营商环境构建和对私营企业的法律法规保障等。规范政策是创新创业精神融入社会主流价值观念的前提，能够有效促进全社会尊重、认同和支持创新创业活动，从而有利于国家或地区内的创业公司进行创新创业和经营活动。规范政策还有利于形成开放、共享、繁荣的创新创业环境，以吸引多种要素进入区域企业。

3. 创业政策与创业活动之间的关系

创业活动是创业政策的基础，创业政策是创业活动的上层建筑。创业政策的核心目的便是支持创业过程，初级目标是减少初创企业的不确定性。创业政策通过运用政策工具来改善文化、制度等环境因素，以促进创业活动。创业政策对创业活动的质量起着重要影响，创业活动是动机、技能和机会相结合的结果，创业政策主要围绕着这三个要素来设计。具体而言，创业政策的设计核心是提高个人层次上的创业积极性，激发创业；使创业者能够获得更多创业所需要的知识和技能；为潜在的创业者提供更多的资源和环境支持。创业政策反映了创业活动的需求、发展进程以及发展方向，正确的创业政策有利于创业活动的顺利开展。而创业活动的实际发展情况则是检验创业政策优劣的唯一标准。

（二）大学生创业政策概念及相关研究

大学生创业政策是指国家为激励和扶持大学生创业、促进毕业生充分就业、促进社会经济发展与和谐稳定而制定的、需要相关部门配合予以保障的系列规定总称（薛洁，2020）。大学生创业政策与一般创业政策本质相同，只是针对大学生这一特定创业群体目标而定的，属于细分创业政策之一（辜胜阻，2019）。制订大学生创业政策的目的在于通过建立创业制度、创业文化等一系列保障体系，运用政策工具支持大学生创业过程，减少大学生创业初期的企业风险，从而激发大学生创新动机、提升其创业能力，最终促进创业成功。

当前大学生创业政策主要形式是扶持政策，包括创新创业教育政策、商务支持政策（市场准入、税费减免、行政性收费）、创业融资政策、创业环境政策等类型（杜天宝等，2019）。

二、我国大学生创业政策

为了促进大学生创业，并切实解决创业中的难题，我国从1998年底开始出台支持大学生创业的政策。从无到有，从中央到地方，大学生创业政策不仅数量不断增加，扶持力度也不断加强。

（一）中央政府层面的政策

1. 中央政府层面出台大学生创业政策的概况

以1998年教育部《面向21世纪教育振兴行动计划》提出的鼓励大学生自主创业的政策为计时元年，大学生创新政策至今已走过了22年。从发文数量来看，截至2020年6月已出台与"大学生创新创业"有关的非比赛类相关的政策61篇。从政策导向来看，每隔10年左右，政策导向就会因形势变化而变化：2008年以前的政策以鼓励就业为导向，2008年以后的政策以解决就业创业中的难题为导向。从政策工具类型来看，既有实施量化评价、改革管理体制的权威型政策，也有加大资金投入、加大政策扶持的激励型政策，更有前面所述推动高校创新创业人才培养的政策，如表3-1所示。

表3-1　我国创新创业政策工具的文本数量统计

政策工具类型	政策工具	政策文本数量	政策工具类型	政策工具	政策文本数量
权威型	实施量化评价	15篇	能力建设型	开拓教学基地	14篇
权威型	改革管理体制	28篇	能力建设型	培养师资队伍	12篇
激励型	加大资金投入	53篇	能力建设型	建设创业基地	9篇
激励型	加大政策扶持	30篇	能力建设型	改革课程结构	41篇
象征及劝诫型	做好政策宣传	17篇	能力建设型	研发信息平台	10篇
系统变革型	优化创业环境	18篇	能力建设型	推广创业教育	8篇
系统变革型	调整经济结构	2篇	能力建设型	开展实践教学	16篇

资料来源：参考谭玉、李明雪和吴晓旺（2019）．大学生创新创业政策的变迁和支持研究[J]．现代教育技术，29（5）：112-118．的文献重新整理，其中2019~2020年的最新文件来自国务院和各部委网站。

从创新创业政策的发文部门来看，国务院和众多部门都参与了相关政策出台，其中分管教育和就业的教育部、人力资源社会保障部是发文的主要部门，多部门联合出台政策的情况较为普遍，如表3-2所示。

表3-2　大学生创新创业政策发文部门统计

发文部门	出台数量（篇）	联合出台数量（篇）	联合出台比例（%）	发文部门	出台数量（篇）	联合出台数量（篇）	联合出台比例（%）
教育部	25	6	24	中央宣传部	1	1	100
国务院	16	0	0	中央编办	1	1	100
人力资源和社会保障部	16	5	31.25	公安部	1	1	100
科学技术部	6	4	66.67	民政部	2	2	100
财政部	5	5	100	国务院扶贫办	1	1	100

续表

发文部门	出台数量（篇）	联合出台数量（篇）	联合出台比例（%）	发文部门	出台数量（篇）	联合出台数量（篇）	联合出台比例（%）
国家市场监督管理总局	4	2	50	国务院办公厅	1	0	0
共青团中央	3	3	100	国家开发银行	1	1	100
国家发展和改革委员会	2	2	100	国务院国有资产监督管理委员会	1	1	100
中国人民银行	2	2	100	工业和信息化部	1	1	100
中华全国总工会	2	2	100	国家知识产权局	1	1	100
中央组织部	2	2	100	国家税务总局	1	0	0
中央文明办	1	1	100	国家卫生健康委	1	1	100

资料来源：参考谭玉，李明雪，吴晓旺（2019）．大学生创新创业政策的变迁和支持研究[J]．现代教育技术，29（5）：112-118．的文献重新整理，其中2019~2020年的最新文件来自国务院和各部委网站。

2. 中央政府层面出台政策的三阶段

根据文件出台的时间和主要导向，可以将中央政府层面的政策出台划分为三个阶段。

（1）初步确立阶段（1998~2008年）。

1998年我国大学生就业由计划经济时代的分配工作转变为在大学生自主择业。为促进大学生就业，教育部于1999年初发布了鼓励大学生自主创业的政策。2000年，教育部提出大学生、研究生（包括硕士、博士研究生）可以休学保留学籍创办高校技术企业的政策。

2002年，国务院办公厅转发了教育部的通知，规定有关部门简化手续，提高工作效率，积极支持大学生创业。强调开设就业指导课程，加强大学生思想政治教育，培养大学生自主择业、自主创业、重视就业的观念。2003年，国务院连续发布两个文件《关于做好2003年普通高等学校毕业生就业工作的通知》《关于切实落实2003年普通高校毕业生从事个体经营有关收费优惠政策的通知》，不仅提出大学生创业免交创业相关费用，还提议地方政府给予小额贷款和担保，如表3-3所示。

表 3-3　　初步确立阶段中央政府层面政府文件发布情况
（1998~2008 年）

发文机构	年份	政策名称	内　　容
教育部	1999	《面向 21 世纪教育振兴行动计划》	第 27 条：加强对教师和学生的创业教育，采取措施鼓励他们自主创办高新技术企业
国务院	1999	《国务院办公厅转发教育部等部门关于进一步做好 1999 年普通高等学校毕业生就业工作意见的通知》	鼓励和支持毕业生到非国有制单位就业或自主创业
教育部	2002	召开普通高校"创业教育"试点工作会议	正式发文确定清华大学、北京大学、中国人民大学、北京航空航天大学、上海交通大学、南京经济学院等 9 所高校为创业教育试点院校，并给予资金和政策支持
国务院	2003	《关于做好 2003 年普通高等学校毕业生就业工作的通知》	凡高校毕业生从事个体经营的，除国家限制的行业外，自工商部门批准其经营之日起，1 年内免交登记类和管理类的各项行政事业性收费。有条件的地区由地方政府确定，在现有渠道中为高校毕业生提供创业小额贷款和担保
国务院	2003	《关于切实落实 2003 年普通高校毕业生从事个体经营有关收费优惠政策的通知》	凡高校毕业生从事个体经营的，除国家限制的行业外，自工商行政管理机关批准其经营之日起，一年内免交个体工商户登记注册费、个体工商户管理费、集贸市场管费
国家工商行政管理总局	2003	《关于 2003 年普通高等学校毕业生从事个体经营的有关收费优惠政策的通知》	凡高校毕业生（含大学专科、大学本科、研究生）从事个体经营的，除国家限制的行业（包括建筑业、娱乐业以及广告业、桑拿、按摩、网吧、氧吧等）外，自工商行政管理机关批准其经营之日起，1 年内免交个体工商户登记注册费（包括开业登记、变更登记、补换营业执照及营业执照副本）、个体工商户管理费、集贸市场管理费、经济合同鉴证费、经济合同示范文本工本费
共青团中央、劳动和社会保障局	2004	《关于深入实施"中国青年创业行动"促进青年就业工作的意见》	从普及创业意识、培养创业能力、提供创业服务、优化创业环境、完善对青年的就业服务等五个方面采取措施，引导、帮助广大青年（包括大学毕业生）在创业中实现就业

续表

发文机构	年份	政策名称	内　容
财政部和国家发改委	2006	《关于对从事个体经营的下岗失业人员和高校毕业生实行收费优惠政策的通知》	从事个体经营的下岗失业人员、高校毕业生免交工商部门收取的个体工商户注册登记费（包括开业登记、变更登记、补换营业执照及营业执照副本）等管理类收费项目

资料来源：国务院和国家各部委网站。

(2) 积极推进就业创业阶段（2009~2015年）。

1999~2008年，第一批政策实施10多年后，针对大学生创业问题出现的新特点、新情况，新的公共政策需求随之产生。特别是2008年金融危机的影响加上高校扩招，大学毕业生就业形势愈发严峻。为了解决毕业生就业问题，各类鼓励大学生创业的优惠政策不断完善。尤其是2010年之后，相关部门每年都会发布针对高校大学生就业创业的政策文本。

在2008年金融危机之后，我国提出建立创新型国家要求。随后，中央于2010年第一次提出"创新创业教育"的概念，使创新创业课程得以在各高校开设。2011年，国务院发布的文件进一步强调了创业教育、培训和创业服务的重要性。2014年，国务院总理李克强在夏季达沃斯论坛首次提出"大众创业、万众创新"的新理念。尤其是2014年国务院办公厅发布的《关于做好2014年全国普通高等学校毕业生就业创业工作的通知》提出大学生创业引领3年计划，从税费减免、创业教育课程体系设置、创业扶持等为高校学生创新创业活动的进一步开展明确了具体方向和多种政策激励，如表3.4所示。

表3-4　积极推进就业创业阶段中央政府层面政府文件发布情况

发文机构	年份	政策名称	内　容
教育部	2010	《教育部关于大力推进高等学校创新创业教育和大学生自主创业工作的意见》	通过开展创新创业教育工作，促使高等学校不断更新教育观念、改革人才培养模式、教育内容和教学方法，将人才培养、科学研究、社会服务紧密结合，实现从注重知识传授向更加重视能力和素质培养的转变，提高人才培养质量
人力资源和社会保障部	2010	《关于实施2010高校毕业生就业推进行动大力促进高校毕业生就业的通知》	继续加强创业教育、开展大学生创业培训（实训）、加大对大学生创业的政策优惠扶持（如大学生自主创业三年内每年减免8000元税费）之外

续表

发文机构	年份	政策名称	内　　容
人力资源和社会保障部	2010	《关于实施大学生"创业引领计划"的通知》	着重提出了要为大学生创业提供指导服务和孵化服务，如指导大学生制定创业计划书，为大学生制定创业路线图，成立大学生创业导师团、专家志愿团，为创业大学生提供低成本的生产经营场所和企业孵化服务等
国务院	2011	《国务院关于进一步做好普通高等学校毕业生就业工作的通知》	1）落实和完善创业扶持政策。包括税收减免、小额担保贷款申请、多渠道加大创业资金投入，完善和落实行政事业性收费减免等优惠政策。 2）加强创业教育、创业培训和创业服务。包括创新创业类课程开发、推广创业培训模式、给予创业培训补贴、提供"一条龙"创业服务、建设大学生创业孵化基地、对基地内大学生创业企业提供培训和指导服务等
国务院办公厅	2014	《关于做好2014年全国普通高等学校毕业生就业创业工作的通知》	实施大学生创业引领计划：2014~2017年，在全国范围内实施大学生创业引领计划。各地要采取措施，确保符合条件的高校毕业生都能得到创业指导、创业培训、工商登记、融资服务、税收优惠、场地扶持等各项服务和政策优惠。各高校要广泛开展创新创业教育，将创业教育课程纳入学分管理，有关部门要研发适合高校毕业生特点的创业培训课程，根据需求开展创业培训，提升高校毕业生创业意识和创业能力。各地公共就业人才服务机构要为自主创业的高校毕业生做好人事代理、档案保管、社会保险办理和接续、职称评定、权益保障等服务。 拓宽高校毕业生办企业出资方式，简化工商注册登记手续。鼓励各地充分利用现有资源建设大学生创业园、创业孵化基地和小企业创业基地，为高校毕业生提供创业经营场所支持。对高校毕业生创办的小型微型企业，按规定落实好减半征收企业所得税、月销售额不超过2万元的暂免征收增值税和营业税等税收优惠政策。对从事个体经营的高校毕业生和毕业年度内的高校毕业生，按规定享受相关税收优惠政策。留学回国的高校毕业生自主创业，符合条件的，可享受现行高校毕业生创业扶持政策。 要通过进一步完善抵押、质押、联保、保证和信用贷款等多种方式，多途径为高校毕业生解决反担保难问题，切实落实银行贷款和财政贴息。在电子商务网络平台开办"网店"的高校毕业生，可享受小额担保贷款和贴息政策。充分发挥中小企业发展专项资金的积极作用，推动改善创业环境。鼓励企业、行业协会、群团组织、天使投资人等以多种方式向自主创业大学生提供资金支持，设立重点面向扶持高校毕业生创业的天使投资和创业投资基金。对支持创业早期企业的投资，符合条件的，可享受创业投资企业相关企业所得税优惠政策

资料来源：中央人民政府和各部委网站。

(3) 深入发展阶段（2016～2020年）。

从2015年开始，依托"互联网+"的优势，大学生创新创业进入一个新的发展阶段，从中央到各部委，政府各部门都动员起来，全方位提供创新创业服务，不断营造良好的创新创业社会氛围。尤其是2015年《国务院关于大力推进大众创业万众创新若干政策措施的意见》（简称"双创"战略）出台，从体制机制、创业扶持政策、融资渠道、创业成长起步、创业服务以及创新平台支撑等方面进一步优化了创业环境。具体而言，第一，中央政府通过完善公平竞争的市场环境、深化商事制度改革、加强创业知识产权保护、健全创业人才培养与流动机制，使创业体制和机制更加便利化；第二，中央和地方各级政府加大了财政资金支持和统筹力度、进一步完善普惠性税收措施、发挥政府采购支持作用，使财税政策进一步优化，强化了创业扶持；第三，通过优化资本市场、创新银行支持方式、丰富创业融资新模式，金融市场活力更强，融资更加便捷；第四，中央政府和地方各级政府通过建立和完善创业投资引导机制、拓宽创业投资资金供给渠道、发展国有资本创业投资、推动创业投资"引进来"与"走出去"等方式扩大创业投资，支持创业起步成长；第五，通过发展创业孵化服务、第三方专业服务、"互联网+"创业服务，并研究探索创业券、创新券等公共服务新模式，不断发展创业服务、构建创业生态；第六，通过打造创业创新公共平台、用好创业创新技术平台、发展创业创新区域平台等方式，增强了创业创新平台的支撑作用。此外，该《意见》第二十三条特别提出支持大学生创业。从创业引领计划、创业基金、创业指导服务、创业辅导甚至学制管理办法等方面提出扶持大学生创新的具体政策措施。

2015年国务院办公厅发布的《关于深化高等学校创新创业教育改革的实施意见》（国办发〔2015〕36号），从完善人才培养质量标准、创新人才培养机制、健全创新创业教育课程体系、改革教学方法和考核方式、强化创新创业实践、改革教学和学籍管理制度、加强教师创新创业教育教学能力建设、改进学生创业指导服务、完善创新创业资金支持和政策保障体系等方面提出具体措施，对高校创新创业教育改革进行全方位的设计。

2017年和2018年，促进大学生创新创业的政策主要聚焦于深化高校创新创业教育改革、落实创新创业优惠政策以及提升创新创业服务保障能力等方面。文件强调了政府支持、学校自筹以及信贷、创投、社会公益、无偿许可专利等资金筹措渠道，强调大学生创业服务平台、创业导师、创业指导服务应在大学生创业中发挥作用。在创业补贴方面，政策支持力度加大,财政部2017年印发的《就业补助资金管理办法》明确规定,对首次创办小微企业或从事个体经营,符合条件的离校2年内高校毕业生、就业困难人员,试点给予一次性创业补贴。对参加创业培训的毕业年度高校毕业生,给予一定的创业培训补贴。仅2017年一年,全国共组织毕业年度高校毕业生政府补贴性创业培训66.8万人次。

2019年底爆发的新冠肺炎疫情,给2020届大学毕业生造成了极大的就业困境。为应对疫情冲击和环境变化对大学生就业的影响,党中央、国务院提出全面做好"六稳"工作、落实"六稳"任务,深入推进大众创业、万众创新,激活市场活力和社会创造力,以新动能支撑保就业保市场主体,尤其是支持高校毕业生创业就业,中央和各部委再次出台了新的创业政策。2020年6月,中共中央组织部等相关部委发布了《关于引导和鼓励高校毕业生到城乡社区就业创业的通知》,提出引导和鼓励高校毕业生到城乡社区就业创业,对高校生积极投身城乡社区服务领域创业,按规定落实税费减免、创业补贴、创业担保贷款等政策;鼓励城乡社区综合服务设施为高校毕业生创业提供免费场地支持;强调通过服务供给增加带动高校毕业生就业创业。重点围绕"互联网+"健康、养老、托育、家政等领域对高校毕业生从事城乡社区服务开展创业专项培训等。

国家层面的创业政策取得了良好的效果。根据人力资源社会保障部的相关资料显示,通过实施大学生创业引领计划、就业创业促进计划,已促进297万名大学生实现创业。这个阶段出台的主要文件及其要点如表3-5所示。

表3-5　　　　深入发展阶段中央政府层面政策发布情况

发文机构	年份	政策名称	内容
国务院	2015	《国务院关于进一步做好新形势下就业创业工作的意见》	深入实施大学生创业引领计划、离校未就业高校毕业生就业促进计划,整合发展高校毕业生就业创业基金,完善管理体制和市场化运行机制,实现基金滚动使用,为高校毕业生就业创业提供支持;积极支持和鼓励高校毕业生投身现代农业建设;对高校毕业生申报从事灵活就业的,按规定纳入各项社会保险,各级公共就业人才服务机构要提供人事、劳动保障代理服务。技师学院高级工班、预备技师班和特殊教育院校职业教育类毕业生可参照高校毕业生享受相关就业补贴政策;优化高校学科专业结构,加快发展现代职业教育,大规模开展职业培训,加大创业培训力度;利用各类创业培训资源,开发针对不同创业群体、创业活动不同阶段特点的创业培训项目,把创新创业课程纳入国民教育体系

续表

发文机构	年份	政策名称	内容
国务院	2015	《国务院关于大力推进大众创业万众创新若干政策措施的意见》	深入实施大学生创业引领计划，整合发展高校毕业生就业创业基金。引导和鼓励高校统筹资源，抓紧落实大学生创业指导服务机构、人员、场地、经费等。引导和鼓励成功创业者、知名企业家、天使和创业投资人、专家学者等担任兼职创业导师，提供包括创业方案、创业渠道等创业辅导。建立健全弹性学制管理办法，支持大学生保留学籍休学创业
国务院办公厅	2015	《关于发展众创空间推进大众创新创业的指导意见》	推进实施大学生创业引领计划，鼓励高校开发开设创新创业教育课程，建立健全大学生创业指导服务专门机构，加强大学生创业培训，整合发展国家和省级高校毕业生就业创业基金，为大学生创业提供场所、公共服务和资金支持，以创业带动就业
国务院办公厅	2015	《关于深化高等学校创新创业教育改革的实施意见》	坚持创新引领创业、创业带动就业。总体目标：2015年起全面深化高校创新创业教育改革。2017年取得重要进展，形成科学先进、广泛认同、具有中国特色的创新创业教育理念，形成一批可复制可推广的制度成果，普及创新创业教育，实现新一轮大学生创业引领计划预期目标。到2020年建立健全课堂教学、自主学习、结合实践、指导帮扶、文化引领融为一体的高校创新创业教育体系，人才培养质量显著提升，学生的创新精神、创业意识和创新创业能力明显增强，投身创业实践的学生显著增加。具体措施包括：完善人才培养质量标准、创新人才培养机制、健全创新创业教育课程体系、改革教学方法和考核方式、强化创新创业实践、改革教学和学籍管理制度、加强教师创新创业教育教学能力建设、改进学生创业指导服务、完善创新创业资金支持和政策保障体系
国务院办公厅	2016	《关于建设大众创业万众创新示范基地的实施意见》	构建大学生创业支持体系。实施大学生创业引领计划，落实大学生创业指导服务机构、人员、场地、经费等。建立健全弹性学制管理办法，允许学生保留学籍休学创业。构建创业创新教育和实训体系。加强创业导师队伍建设，完善兼职创业导师制度
人社厅	2016	《关于实施农民工等人员返乡创业培训五年行动计划（2016~2021年）的通知》	促进大学生返乡创业

续表

发文机构	年份	政策名称	内容
国务院	2017	《关于强化实施创新驱动发展战略进一步推进大众创业万众创新深入发》展的意见》	允许外国留学生凭高校毕业证书、创业计划申请加注"创业"的私人事务类居留许可。实施留学人员回国创新创业启动支持计划,吸引更多高素质留学人才回国创新创业
国务院	2017	《国务院关于做好当前和今后一段时期就业创业工作的意见》	1)实施高校毕业生就业创业促进计划,健全涵盖校内外各阶段、就业创业全过程的服务体系,促进供需对接和精准帮扶。教育引导高校毕业生树立正确的就业观念,促进他们更好地参与到就业创业活动中,敢于通过创业实现就业。2)加大对困难高校毕业生的帮扶力度,将求职创业补贴补助范围扩展到贫困残疾人家庭、建档立卡贫困家庭高校毕业生和特困人员中的高校毕业生。3)促进留学回国人员就业创业,实施留学人员回国创新创业启动支持计划,鼓励留学人员以知识产权等无形资产入股方式创办企业。简化留学人员学历认证等手续,降低服务门槛,依法为全国重点引才计划引进人才及由政府主管部门认定的海外高层次留学人才申请永久居留提供便利。实施有效的人才引进和扶持政策,吸引更多人才回流,投身创业创新
财政部	2017	《就业补助资金管理办法》	对首次创办小微企业或从事个体经营,符合条件的离校2年内高校毕业生、就业困难人员,试点给予一次性创业补贴。对参加创业培训的毕业年度高校毕业生,给予一定的创业培训补贴
教育部	2017	《教育部关于做好2018届全国普通高等学校毕业生就业创业工作的通知》	各地各高校要结合建设科技强国、质量强国、航天强国、网络强国、交通强国、数字中国、智慧社会要求,引导毕业生到高技术产业、战略性新兴产业、先进制造业和现代服务业等领域就业创业。服务乡村振兴战略,引导毕业生到现代种业、农产品加工、农村电子商务等三次产业就业创业。促进以创业带动就业:包括深化高校创新创业教育改革;落实创新创业优惠政策(工商登记、税费减免、创业贷款以及老实和学籍管理制度);提升创新创业服务保障能力
国务院	2018	《关于推动创新创业高质量发展 打造"双创"升级版的意见》	要求着力促进创新创业环境升级,包括简政放权以释放创新创业活力、放管结合营造公平市场环境、优化服务为创新创业提供便利

续表

发文机构	年份	政策名称	内容
教育部	2018	《关于做好2018年深化创新创业教育改革示范高校建设工作的通知》	重点推进建设创新创业教育优质课程，提升教师创新创业能力教育，开展"青年红色筑梦之旅"活动
财政部、人力资源和社会保障部、中国人民银行	2018	《关于进一步做好创业担保贷款财政贴息工作的通知》	调低大学生贷款申请条件、放款担保和贴息要求，同时对还款积极、带动就业能力强、创业项目好的借款个人和小微企业，可继续提供创业担保贷款贴息。对符合条件的创业者如大学生群体，强调要优化办理程序，包括健全服务机制、简化流程、一次性结清、完善担保机制、合格者取消反担保；加强监督管理，完善配套制度，强化部门协作，加强绩效评价，组织专项检查，推进信息公开；特别强调要加大宣传力度，使重点群体了解相关政策，并树立典型，形成示范案例
教育部	2018	《关于做好2019届全国普通高等学校毕业生就业创业工作的通知》	进一步落实创新创业学分相关政策，加大创新创业场地和资金扶持力度；大力改革相关课程制度，提供各种专业课程和深度咨询，鼓励引入校外导师，建立新的指导教师考核机制，并给予一定奖励。有关部门要加大改革力度，各地要给予充分配合，继续推进创新创业优惠政策的落实，进一步完善税费减免、创业担保贷款及创业培训补贴等优惠政策
财政部人力资源和社会保障部、国家税务总局、国务院扶贫办	2019	《关于进一步支持和促进重点群体创业就业有关税收政策的通知》	大学毕业生如果持有就业创业证开从事个体经营活动，自办理个体工商户登记当月起，三年之内按每户每年12000元为限额，依次扣减其当年实际应缴纳的增值税、城市维护建设税、教育费附加、地方教育附加和个人所得税，限额标准最高可上浮20%。这是对原有政策的替代，相对加大了扶持力度，期限为2019年1月1日至2021年12月31日
组织部	2020	《关于引导和鼓励高校毕业生到城乡社区就业创业的通知》	引导和鼓励高校毕业生到城乡社区就业创业，对高校生积极投身城乡社区服务领域创业，按规定落实税费减免、创业补贴、创业担保贷款等政策；鼓励城乡社区综合服务设施为高校毕业生创业提供免费场地支持；强调通过服务供给增加带动高校毕业生就业创业。重点围绕"互联网+"健康、养老、托育、家政等领域对高校毕业生从事城乡社区服务开展创业专项培训等

资料来源：国务院和各部委网站。

（二）地方政府层面

近年来，地方政府积极响应国家创新创业政策的号召，为了促进大学生创新创业，纷纷出台各种配套政策和行动计划。地方政府层面的扶持政策，不仅与国务院、教育部等部门出台的文件相配套，还会依据自己省份的具体情况制定，更为具体和切合当地实际。不同省份、不同城市，因为经济发达程度不同，不仅项目支持方式不同，支持力度也不一样，呈现较大的地区差异性。

1. 人才引进

创新创业离不开人才，各地加大人才引进的力度，海南、江苏、广东、山东、浙江、上海等省市先后出台创新创业人才引进政策。以浙江省为例，自2008年以来，浙江已实施四轮大创三年行动计划。该行动计划整合提升应届毕业生活补贴和租房补贴、高层次青年领军人才和大学生工匠培养、众创空间创新平台等30余项"大创"政策，从而吸引更多的大学生到杭州创业创新。2020年，杭州发布新一轮的《杭向未来大学生创业创新三年行动计划（2020～2022年）》，开始实施5大工程项目：即百万大学生杭聚工程、双创项目支持工程、双创人才培育工程、双创平台提升工程、双创服务优化工程等。其中的"百万大学生杭聚工程"不仅提出全球大学生招引、专项人才储育计划、提供专项补贴支持，还提出加强与高校创业指导合作，推动高校就业创业指导站向长三角区域重点高校延伸，通过高校就业创业指导站宣传杭州创业创新政策，联合开展大学生招引、见习训练等活动。同时，提出对新建的大学生就业创业指导站，给予每站15万元的一次性建站补贴，并采取政府购买服务的方式支持其持续开展活动。再如内蒙古，为鼓励毕业生到边境旗县就业创业，2020年专门出台了《关于鼓励引导高校毕业生到边境旗县和少数民族聚居旗县基层一线就业创业若干政策措施的通知》中提出，从事现代农牧业技术、农畜产品加工、休闲农牧业、乡村旅游、农村牧区电子商务、农牧业合作经济等事业的高校毕业，优先享受职业培训、继续教育、创业扶持、项目申报、专业技术资格认定评聘等政策。

2. 项目资金扶持

项目融资政策是地方政府最常采用直接支持性的项目扶持政策。其包括小额担保贷款，创业投资引导基金、创业贷款基金等。

（1）小额担保贷款。

小额担保贷款是由政府出资设立担保基金，委托担保机构提供贷款担保，由经办商业银行发放，以解决符合一定条件的待就业人员从事创业经营自筹资金不足的一个贷款业务，包括自谋业务、自主创业或合伙经营和组织起来创业的开办经费和流动资金。国家规定个人申请额度最高不超过5万元，期限一般不超过2年，可展期一年。但各地区对申请小额担保贷款额度的规定却有所不同，合伙经营贷款额度更大。

从各个省区市来看，大多数省区市2006年以来陆续实施了对应的小额担保贷款，但每个省区市实施时会有不同的限制条件，如表3-6所示。具体来说，一是贷款对象限制条件不同。有的省区市要求应届毕业生，有的规定毕业五年内即可，但普遍要求持有高校毕业证书。值得注意的是，福建对贷款对象的工作区域做了特别限制，要求高校毕业生自愿到县级以下基层创业。二是贷款最高额度有差异。早期的贷款支持力度相对较小，从最低2万元到最高10万元不等。单笔小额担保贷款额度较低，已经无法适应当前大学生创业投资的入门需求。近两年，部分省区市为鼓励大学生创业，贷款支持力度发生了较大变化，例如，西安市2020年颁布的《关于试行促进大学生在西安就业创业的意见》中规定具有经济实体的大学生创业贷款额度最高可达到100万元。三是贷款利息标准没有明显差异，但贴息标准有所不同。大多数省市的贷款利息执行不高于中国人民银行的标准。在贴息上，有些省区市给予全额贴息，有些省区市则给予50%的贴息。四是承办小额贷款的主体有差异。大部分省区市的小额贷款由单一主体运营，部分省区市尝试了联合承办。例如，云南将"贷免扶补"创业小额贷款工作的承办单位由过去独家承办变成一家牵头、多家承办。各级就业经办机构、工作、共青团、妇联、工商联、个私协会、教育系统等多个部门（组织）共同组成承办单位。这就形成全社会共同关心创业、支持创业、参与创业扶持的新局面。在依托群团组织的工作网络中，针对其特定的联系群体，发挥其各自优势，更好地将政策落实到创业者和企业，扩大政策落实覆盖面。

表 3-6　　　　　　　　　部分地区大学生小额担保贷款情况

地区	年份	小额贷款情况
福建	2006	贷款对象：自愿到县级以下基层创业的高校毕业生。持有全日制普通高校毕业证和高校毕业生主管部门开具有《高校毕业生就业报到证》；小额担保贷款金额一般为人均2万元左右，贷款期限不超过2年，可按规定展期一次，展期期限不得超过1年。贷款利率由各设区市政府或授权职能部门商经办银行确定，且不高于中国人民银行公布的贷款利率。符合条件的高校毕业生申请小额担保贷款并从事微利项目的，由各设区市财政给予50%的贴息，展期或逾期不贴息
吉林	2006	对象：持有从大中专技工学校毕业有效证件的应届毕业生，且自谋职业和自主创业人员。贷款额度：一般为2万元，有发展前景、信用好、有还贷能力的经营项目，可适当放宽，最高不超过5万元。合伙经营企业按人均2万~5万元等。可一次性还款，也可分期还款，按银行现行规定结息。期限不超过2年，可展期1年，展期不贴息。从2009年起，突出对高校毕业生贷款扶持，高校毕业生贷款上限提高6万元，降低反担保条件。依托"大学生创业园区"，采取由园约集中担保，解决创业者个人提供反担保难等问题
北京	2006	持有北京户口的未就业大学毕业生想要从事个体经营或自主、合伙创办小企业自筹资金不足的，也可申请小额担保贷款
苏州	2009	参加创业培训并取得证书或《自我管理单位营业执照》并有贷款申请的大学毕业生，可申请小额担保贷款。贷款分为市级和区级两级，信贷额度分别为5万~10万元和3万~5万元，贷款期限为2年（Tian，2013）
山东	2011	规定个人小额担保贷款最高额度由5万元提高到8万元，对符合条件的劳动密集型小企业发放的小额担保贷款，由财政部门按中国人民银行公布的贷款基准利率的50%给予贴息，贴息资金中央和地方财政各负担50%
广西	2011	贷款对象：持有高等学校或中等职业学校有效证件，毕业2年内，并志愿到广西创业的高校和中等职业学校毕业生。以及被组织部门录用的大中专高校毕业生（大学生"村官"），在聘期内开展自主创业的人员。贷款额度一般最高个人不超过5万元；合伙经营和组织起来就业的，最高单笔不超过100万元；贷款期限一般不超过2年，展期一次，展期期限不超过一年。贷款利率可在同期同档贷款基准利率基础上适当上浮，但最高不超过3个百分点；申请从事微利项目的实行全额贴息，劳动密集型小企业实行50%贴息，展期不贴息。 贷款条件：毕业2年以内的高校和中等职业学校毕业生需持毕业证书原件和复印件，毕业2年以上未就业的高等学校和中等职业学校毕业主需持《就业失业登记证》原件及复印件，大学生"村官"需持毕业证书、组织部门聘任证明材料原件及复印

续表

地区	年份	小额贷款情况
云南	2011	贷免扶补创业小额贷款。适用对象：创办企业或从事个体经营的高校毕业生（含大学生"村官"、在校高年级大学生）、留学回国人员等已进行工商注册的首次创业人员。贷款额度：不超过 5 万元。贷款期限为 2 年，自贷款发放后第 7 个月超按照 3 个月一期的还款周期等额还款，贷款期内还清全部贷款。从事微利项目的由中央财政据实给予贴息（展期不贴息）。贷款利率可在基准利率上上浮 3 个百分点
河北	2012	高校毕业生自谋职业、自主创业或合伙经营与组织起来就业的。个人申请的小额担保贷款额度一般不超过 10 万元；对合伙经营与组织起来就业的，可按照人均不超过 10 万元、总额度最高不超过 40 万元确定贷款规模。期限不超过两年，可展期一年。贷款利率可比基准利率上浮 3 个百分点。在贷款期限内均给予全额贴息，由中央财政全额负担
杭州	2013	杭州市"六城区"的高校毕业生。小额担保贷款额度一般不超过 10 万元，其中科技成果转化、研发或文化创意类项目，最高额度可提高为 20 万元。贷款利率按中国人民银行相关规定执行。给予全额贴息
河南	2014	规定财政贴息资金支持的小额担保贷款额度，高校毕业生最高贷款额度 10 万元。贷款对象：持《高校毕业生自主创业证》，处于自主创业状态，且自主创业时不在机关企事业单位就业的毕业学年高校毕业生；持有全日制大专以上（含大专）毕业证书，处于自主创业状态，且自主创业时不在机关企事业单位就业的毕业 5 年内高校毕业生
宁夏	2019	毕业 5 年内尚未就业并具有创业愿望，持有大中专（含研究生、技校和职业高中）院校毕业有效证件的人员。贷款额度：个体经营者最高不超过 5 万元，最多申请两次。小企业按人均 3 万~5 万元，最高不超过 50 万元。贷额年限不超过 2 年；大中专毕业生从事微利项目的按基准利率给予 50%贴息
内蒙古	2020	将创业担保贷款单笔最高额度提高到 30 万元，享受相关贴息政策
杭州	2020	双创项目支持工程：符合条件的大学生创业者，可申请最高 50 万元的创业担保贷款。在杭州工作本科及以上学历的应届毕业生可申请最高 30 万元、为期 3 年的基准利率贷款
西安	2020	《关于试行促进大学生在西安就业创业的意见》中提出加大对大学生创业贷款的支持力度，具有本省户籍、年龄小于 35 周岁的大专学历以上毕业生及留学回国大学生，在西安市辖内创办的经济实体，最高可申请 100 万元政府 50%贴息贷款

资料来源：各省区市政府网站及相关部门网站。

（2）创业投资引导和创业贷款基金。

创业投资引导基金是由政府设立并按市场化方式作的政策性基金。为帮助创业企业融资，各地政府大力发展创业投资和各种创新基金。2005年，上海市政府启动大学生科技创业基金。每年5000万元，连续三年投入1.5亿元，支持大学生创业项目。2009年，陕西省人民政府颁布《陕西省创业投资引导资金管理暂行管理办法》中规定创业投资引导资金总规模10亿元人民币。杭州市2020年提出鼓励设立成长型大学生创业企业投资引导基金，带动社会资本对大学生创业企业进行投资扶持。实施大学生创业"风险池"基金项目。对符合条件的创业企业原则上给予不高于年1%的优惠担保费率和不超过基准利率上浮10%的优惠贷款利率。支持做大做强"海大基金""涌泉基金""创业陪跑基金"等民间投资基金，鼓励创业成功者反哺社会，帮助处于种子期、初创期的大学生企业成长，如表3-7所示。

表3-7　部分地方政府创业投资引导基金和创业贷款基金政策情况

地方政府	年份	政策内容
上海	2006~2011	由市科委、市教委每年各投入5000万元，每年向基金会投入1亿元专项拨款，以鼓励和支持大学生进行自主创业实践
西安	2009	设立了扶持大学生自主创业贷款基金5000万元。大学生创业最高可以申请50万元的自主创业商业贷款。贷款条件：具有西安市户籍，近年来取得大专以上毕业证书的大学生（含研究生）和国外留学归国人员；报名对象须有创业计划书和创业项目且项目必须为从事高新技术产品开发、生产和服务，或从事现代服务业、现代农业开发等方面的项目；已经成立企业，且为2008年1月1日后创办，注册地和纳税关系在西安市辖区，法定代表人具有西安市户籍的，可申请对企业发起人进行团队创业培训
杭州	2020	发挥各级财政资金的引领示范效应，鼓励设立成长型大学生创业企业投资引导基金，带动社会资本对大学生创业企业进行投资扶持。实施大学生创业"风险池"基金项目，对符合条件的创业企业原则上给予不高于年1%的优惠担保费率和不超过基准利率上浮10%的优惠贷款利率。支持做大做强"海大基金""涌泉基金""创业陪跑基金"等民间投资基金，鼓励创业成功者反哺社会，帮助处于种子期、初创期的大学生创业企业茁壮成长

资料来源：各省区市委网站。

（3）创业补贴和税费减免。

早在2003年上海市政府就规定上海地区应届大学生毕业创业可享受免费风险评估、免费政策培训、无偿贷款担保及部分税费减免等优惠政策。2005年，河南出台了对从事个体服务的大学毕业生3年内免交登记类、管理类和证照类和各项行政事业性收费的政策，并及时提供创业培训、开业指导、项目开发、小额担保贷款等服务。2006年开始，北京规定北京高校毕业生在北京从事个体经营，自工商部门批准其经营之日起，3年内免交五部门的行政事业性收费。

从2017年开始，地方政府按照财政部印发的《就业补助资金管理办法》（财社〔2017〕164号）规定，逐步普及了各种补贴政策。大部分地方政府依据财政部规定，对首次创办小微企业或从事个体经营，符合条件的离校2年内高校毕业生、就业困难人员，给予一次性创业补贴。有一些地方结合自身实际，适度放宽了享受补贴的毕业年限，例如，湖北将享受补贴的范围扩大至毕业5年内的高校毕业生。在创业补贴标准也不完全一致，由各地根据省级财政、人力资源社会保障部门结合工作实际、财力水平确定的，如表3-8所示。受新冠肺炎疫情影响，2020年高校毕业生就业困难重重，尤其是湖北籍毕业生。目前已有广东、天津、安徽等10多个省市，专门对湖北籍高校毕业生发放800~3000元不等的求职创业补贴。

表3-8　　　　近几年地方政府出台的部分创业补贴政策

地方政府	年份	政策内容
上海	2020	对高校毕业生首次在沪创业的，可申请一次性8000元创业补贴；对符合上海市产业发展导向的高校毕业生创办企业或创新团队，给予每年最高50万元资助
杭州	2020	《杭向未来·大学生创业创新三年行动计划（2020~2022年）》 生活补贴：对来杭工作的全球本科及以上学历应届毕业发放一次性生活补贴，其中本科1万元、硕士3万元、博士5万元；本科及以上学历应届毕业生，在杭州市无房且未享受公共租赁住房、人才租赁房等住房优惠政策的，每户每年发放1万元租房补贴，可发放3年，期满后收入低于城镇居民人均可支配收入的，可继续享受，最长不超过3年。 创业资助：在市全球引才"521"计划，市"万人计划"、市领军型创新创业团队等人才计划中设立青年人才专项，入选市全球引才"521"计划青年人才项目给予50万元安家补助，入选市"万人计划"青年拔尖人才给予50万元支持，入选市领军型青年创新创业团队的给予最高300万元资助
西安	2020	《关于试行促进大学生在西安就业创业的意见》 资金补助类：鼓励大学生申报国家和陕西省青年人才培养计划，对达到C类人才标准、在西安创办企业或开展成果产业化活动的，给予100万元的项目配套奖补；达到D类人才标准、参与双创的，根据项目规模给予一次性2万~5万元项目资金资助

续表

地方政府	年份	政策内容
南京	2020	享受最长36个月住房租赁补贴（学士600元，硕士800元，博士2000元），困难群体高校毕业生享受1500元求职创业补贴；毕业2年内灵活就业，享受最长2年社保补贴，在校或毕业5年内，通过创业担保贷款"绿色通道"可申请2年最高30万元创业担保贷款，优秀项目再给最高50万元资助，发展前景好的还可以获得最高300万元接力投资；参加就业或创业见习，享受最长12个月南京最低工资标准80%见习培训补贴，参加就业或创业培训，享受最高2200元就业技能补贴和最高800元创业培训补贴
苏州	2009	出生在苏州，无工作经验的大学毕业生，参加创业培训并首次创业，同时缴纳社会保险和税收，可以获得2000元的创业补贴
云南	2009	对首次创业成功者并稳定1年以上的，按吸纳就业人数给予1000～3000元的一次性创业补贴；对承担具体创业帮扶的单位，每帮助1人成功创业给予工作补助经费
湖北	2018	享受补贴范围为毕业5年内的高校毕业生
内蒙古	2020	生源地高校毕业生创办领办农牧民合作社、家庭农牧场、农牧业社会化服务组织等新兴经营主体，将首次创业且正常经营1年以上的返乡创业人员纳入一次性创业补贴范围，返乡创业人员创新创业园和孵化基地纳入"以奖代补"资金扶持范围

资料来源：相关资料来源于各城市学习平台和各部委网站。

3. 打造创业平台

创业平台是一种集群式创业方式，可增强创业企业对信息、社会网络、孵化平台等资源的可获得性，为创业项目的快速发展提供肥沃的土壤。大学生创业平台主要有创业大赛、孵化器和创业园等形式。创业大赛是创业者的展示平台，好的创业项目可以借助此平台赢得资金和政策支持。孵化器是企业起飞的平台，为创业企业提供低成本、高效率的成长环境，使创业企业能够得到商务咨询、投融资等服务，提高企业成活率。创业园区为初创企业发展提供了物理空间，不仅可以实现场地支持，还可以通过积聚效应为初创企业提供专业和完善的服务。

（1）注重扩大创业大赛效应。

各省区市都设立了大学生创业大赛，社会影响力和支持力度与日俱增。例如，广东省人力资源社会保障厅联合有关部门共同举办广东"众创杯"创业创新大赛，设立大学生和博士（博士后）赛道，对于金奖、银奖、铜奖分别按10万元、8万元、5万元的标准给予省级优秀创业项目资助，2年内在广东落地创业的，可再分别申请10万元、7万元、5万元项目落地资助。再如，杭州市通过完善中国杭州大学生创业大赛办赛模式，依托第三方社会化创业服务机构征集优质创业项目，优化大赛落地服务体系，入围大赛400强以上项目在杭落地转化的，可免于评审，直接申请享受5万~100万元无偿资助。支持"创青春""互联网+"等国家部委举办的大学生创业大赛，获金、银、铜奖（或前三等相当奖项）并在杭落地的项目，可免于评审，直接申请享受50万元、30万元、20万元的项目无偿资助。

（2）不断优化创业园区、众创空间和孵化器的功能。

各地通过开办省级、市级或区级的大学生创业园区、众创空间和孵化园，促进大学生创业与招商引资相结合、与现代服务业发展相结合、与科技成果转化相结合、与人才引进相结合，构建"众创空间+孵化器+特色园区"的孵化链条。例如，苏州市于2011年为大学生建造公共创业实训基地（创业苗圃），共设立了50多个业务孵化器，项目涵盖电子信息、商贸、管理咨询、文化产业与商业服务等领域。还有赣州设立的大学生创业孵化基地计划入驻企业200余家，安排2000名左右大学生创业和就业，年实现税收约500万元。在赣州的创业孵化基地中，1~3层为综合服务区域，为大学生创业就业提供政策咨询、小额担保贷款、培训、网络支持以及物业餐饮等服务，4~17层为企业孵化区域，规划了350余个房间作为入驻企业的办公场所。再如，杭州市于2020年提出完善大学生创业园、留学人员创业园的创业公共服务体系。进一步发挥特色小镇和各类孵化器、众创空间等平台吸引集聚大学生创业创新的作用，扩大市级大学生创业园在高校的覆盖面，对集聚30家以上大学生创业企业的，可认定为市级大学生创业园。经认定的市级大学生创业园、留学人员创业园，给予每家100万元的一次性建园资助；每两年对市级大学生创业园和留学人员创业园进行考核，按考核优秀、良好、合格3个等次分别给予30万元、20万元、10万元资助。

（3）针对高水平人才的双创平台建设。

拥有技术与学识的博士、博士后，是各地竞相吸引和扶持的创新创业人才，近年来博士后科研工作站、博士和博士后创业园区在各地兴起。2019年山东省人力资源和社会保障厅、青岛市人力资源和社会保障局及青岛市城阳区人民政府全力打造了高端人才创新创业生态高地：青岛国际博士后创新创业园，园区以博士后人才为支撑，以创新为引领，以产业为核心,通过构建"产业创新+产业孵化+产业加速"三位一体的创新生态体系,为博士后创新创业以及科研成果转化提供全流程服务。园区充分利用"山东省首家博士后双创平台"的品牌效应,前期先后到北京、江苏、广东等地走访了多所知名高校,引进了清华大学、浙江大学、哈尔滨工业大学、德国耶拿大学、德国马普高分子所、美国俄亥俄州立大学等国内外知名高校的博士后及其他高层次人才。入驻园区的高层次人才及企业,在场地、科研经费、生活补助、金融支持等方面都享受优惠政策。2019年"广东省博士博士后创新中心"平台正式上线,这是聚焦于博士和博士后人才招聘、交流、创新成果转化全链条支持的线上服务平台,也是广东省精准服务于博士和博士后人才创新创业的重要举措。2020年重庆高新区的博士后创新创业园成立,该园区结合重庆高新区内获批建设的13个博士后科研工作站,以及重庆大学、电子科技大学等市内外高校博士后流动工作站,深度整合高校、院所、企业资源,以博士和博士后人才为支撑,以创新为引领,以产业为核心,构建"产业创新+产业孵化+产业加速"三位一体的创新生态体系,为博士和博士后创新创业以及科研成果转化提供全流程服务,打造高端人才创新创业生态高地。杭州也于2020年启动针对博士和博士后的工作站计划。支持博士后流动站、工作站建设,给予新设立的国家级博士后流动站、工作站每家100万元资助,给予新设立的省级博士后工作站每家50万元资助。博士后在站期间,给予设站单位每人2年16万元日常经费和5万元科研资助经费,给予博士后每人每年12万元生活补贴,国(境)外博士后每人再增加5万元一次性生活补贴。对出站留杭(来杭)工作的博士后,给予每人40万元一次性补助。

4. 优化社会服务

为了让大学生在创业的过程中没有后顾之忧,各地不断优化针对大学生创业企业的服务。河南省和山东省针对高校毕业生"试营业制度"实行货币出资"零缴付"、经营场地"零成本"、服务创业"零收费"等优惠措施。云南省于2009年提出对创业人员提供"一条龙"(即:咨询培训、项目评审、小额贷款、配备导师、后续跟踪一条龙)创业服务、"1+3"跟踪服务(即:每1名享受"贷名扶补"政策的创业人员,都有1个承办单位负责服务,1名联络员负责联系协调,1名创业导师负责帮扶指导)等,而且帮扶服务涵盖创业培育期、创业成长期、创业成熟期的整个过程。杭州市在2020年更是推出大学生创业创新"一件事"联办服务。将大学生创业企业生命周期的补贴申请、人才就业公共服务、公租房申请、公积金缴纳、市民卡申领等办事需求和部门间政务办事关联，打造大学生创业创新"一站式"服务平台。

三、国外大学生创业政策

世界上很多国家与中国一样，面临着大学生就业的压力和可持续发展的挑战，通过鼓励创业来实现各行业的创新发展是增强国家竞争力、促进社会经济持续发展的重要途径。西方发达国家的创新创业起步较早，美国、英国、韩国、加拿大、法国、日本等国家多年来大力促进大学生创业，取得显著成效，它们的政策值得思索和借鉴。本书选取较有代表性的美国、英国和韩国作为研究对象。

（一）美国促进大学生创业的政策

美国政府为应对知识经济的挑战，进一步激发社会整体的经济活力，并释放经济增长潜力。美国联邦政府以及各州政府从20世纪80年代开始持续出台政策，不遗余力地优化和健全市场运行机制，力求降低创业之初的经营成本和市场风险，这些政策为大学生创业创造了优越的环境。

1. 实施国家创新战略

美国政府将培养创业人才作为国家经济增长和竞争力提升的重要支柱。美国的国家创新战略从加强创新投资、创业环境建设、创业人才发展、重点领域突破和建设创新型政府几大视角出发，以"创业美国"计划为具体项目，联合高校、产业和政府三方合作，凝聚美国最具创新力的企业家、公司、大学、基金会等力量，激励并促进高增长型创业发展。

2. 完善促进创业的法律法规

美国国会制定了一系列的科技法案，涉及技术创新、技术成果商业化、知识产权保护等诸多领域，形成了完善的创新创业法律体系。美国还针对创业型中小企业出台多项法规和计划，保障小企业的权益。美国国会于1953年通过了《小企业法案》并据之成立了小企业管理局，旨在帮助小企业获得来自政府的技术、资金以及管理上的扶持，如直接贷款给小企业或为之提供贷款担保，避免小企业因资金不足而夭折。同时，专门针对小企业的促进法案还有投资刺激法案、经济政策法案、投资奖励法等，这些法案共同形成了支持创业的法规体系。在税收方面，1981年里根政府通过了《经济复兴税法》，1986年又出台了《税制改革法案》，这些法案降低了创业型企业的应缴税收，旨在促使这些企业平安度过孕育、成长期。此外，1992~2012年，国会先后通过三部法案延长具有高度竞争性的小企业创新研究计划，先后支持了微软公司、英特尔公司等许多国际知名企业，对美国在前沿学科占据领先地位起到积极促进作用，成为各国仿效的典范。

3. 加大创业投资，助推企业融资

美国十分重视高校在创新创业中发挥的作用，将小企业发展中心（SBDC）与高校相结合，将能源部联合生物能源研究所等国家重点研究机构也与高校联合，给予高校巨额的资金支持，极大地改善了高校师生的研究环境和条件，促进了高校科研成果数量大幅增加。美国政府鼓励高校进行商业价值潜力较大的学术研究，大力支持将研究成果进行技术转化，鼓励和支持高校衍生公司的发展，并完善知识产权保护政策。

美国政府和高校通过资金投入推动科技型企业开展创业活动和创业教育相关活动，形成了包括政府设立创业基金、社会的非营利性基金、企业自主捐助基金以及学校基金在内的综合性创业激励体系。美国的大学生创业得到了社会资金的大力支持，这些社会资金包括考夫曼创业流动基金中心、国家独立企业联合会、新墨西哥企业发展中心等。美国助推小企业融资的方式有：一方面是政府为创业型企业提供资金援助。小企业管理局为小企业直接提供贷款或贷款担保，以支持具有较大商业潜力的项目；另一方面，政府还通过政策引导，拓宽创业型企业的资金来源渠道。如鼓励银行加大对小企业的贷款额度并减免利息，创建并提供多种投资渠道（包括天使投资、风险投资、种子资本等）。

4. 设立创业服务机构

美国联邦政府成立了一系列为创新企业提供服务的机构，如联邦小企业管理局（SBA）、小企业发展中心（SBDC）等。这些创业服务机构能够提供创业培训和咨询、指导企业起草商业计划书、为企业提供必要的管理技术、与银行合作为企业提供担保贷款等。在美国，有大量的创业辅导机构，除了上述政府设立的机构之外，还有由风险资本、种子基金等私营机构创设的营利性创业辅导机构。其中以孵化器为典型代表的创业服务机构是大学生连接各类创业资源的桥梁，孵化器为创业者提供专业化的场地、资金、指导、培训和平台服务，加速创业人才培养和创业企业发展。目前美国创业服务机构发展经历了早期探索、逐步成熟、快速发展和创新转型四阶段，呈现出多样化、全面化和专业化的发展趋势，能够为大学生创业者提供定制式辅导服务，增强创业型企业的生命力。

5. 简化企业创办手续，降低门槛

创办企业流程便捷，准入成本低廉。一个有限责任公司，在美国从注册到运营仅需6个环节：预定公司名称，提交公司组织文件，制订并通过公司经营协议；申请联邦的雇主识别号；注册征收营销税；在劳工部的失业保险部门注册；购买雇员补贴和伤残保险；在两家报纸上公开发布公司的组织文件并提交证书和公开宣誓书。美国设立了力求简化流程的"一站式"创业窗口，这6个环节仅需5天便可全部办完。此外，美国创办公司的经济成本低廉，仅占人均国民收入总值的1.5%。美国法律在企业创办准入条件方面的规定较为宽松，降低了企业创办门槛。注册登记的限制性事项也较少，申请注册一家常规企业的总费用不到1000美元，这就使很多资本有限的创业者也能够轻松地创办企业，尤其对大学生创业是十分有利的。

6. 通过政府采购扶持创业企业成长

美国政府通过向创新型企业采购产品的方式来支持企业的发展，并将采购的重点小型创新企业上。这种采购支持方式通过立法的形式加以规定，《联邦采购条例》与《美国小型企业法》明确规定政府采购小企业的方式及每年应向小企业采购的最低金额等各方面内容。

（二）英国促进大学生创业的政策

与许多欧洲国家一样，英国也面临青年就业难题，青年失业率多年来都在20%以上，其中大学生就业难更亟待破解。根据英国国家统计局的数据显示，就业形势不佳导致近半数的高校毕业生只能从事与自己专业无关的低技能工作，因此支持大学生自主创业成为政府、高校应对大学生"毕业即失业"的重要举措之一。其实英国政府很早就意识到英国经济的发展与增长在很大程度上取决于创新与创业，因此非常重视创新创业教育，通过各类政策及联合多种组织机构的力量共同推动创新创业。

1. 设立促进大学生创业的主管机构

2004年9月，英国政府设立英国大学生创业促进委员会，旨在促进英国高校对大学生企业家的培养,鼓励毕业生自主创业。随着影响力的扩大,创业促进委员会升级为创业教育中心,不仅与英国百余所高等院校共同开展创业辅导,还为毕业生创业项目提供贷款支持,为高校和企业牵线搭桥。英国通过知识转移合作伙伴关系(Knowledge Transfer Partnership,KTP)计划,建立企业和大学之间的伙伴关系。通过政府提供补助金的方式,激励企业雇用大学毕业生,从而促进企业与刚毕业的大学毕业生一起参与特定项目。

2. 依托图书馆实现知识传播和知识产权保护

英国拥有发达的图书馆体系,英国政府利用这一优势,为图书馆配备先进的设备,让图书馆通过提供信息并与当地经济发展组织合作,为初创企业提供支持;通过空间共享、咨询培训等做法吸引企业到本地,以拉动本地经济发展。例如,大英图书馆于2006年创建了商业与知识产权中心(Business & Intellectual Property Center,B&IPC),以独特的公私合作模式为初创企业提供商业支持,经过十几年的发展,B&IPC的服务体系已十分完善,服务能力成熟,服务影响力日益显著。根据大英图书馆发布的统计数据,该中心已累计服务用户超过50余万人,支持的初创企业已有上千家。大英图书馆在全国范围内部署商业及知识产权中心服务网络,目前已在除伦敦外13个重要城市图书馆成立B&IPC,且结合线上直播等手段不断扩大用户范围及活动影响力。

3. 推行高等教育体制改革

英国的高等教育政策,不断向鼓励创业的方向倾斜。英国大学实行"弹性学制",在这种学分评价体系下,学生只要修满学分就可以毕业,学生可以根据个人的进度安排提前修完学分,也可以选择工作一段时间之后再继续完成学业。对于创业的本科生,英国大学允许其用两年时间完成3年课程,以减轻学生毕业后偿还上学贷款的负担,尽快走上工作岗位或实施自己的创业计划。除了在学制方面的政策外,英国政府还认为,大学的技能培训、创业孵化以及对初创企业的优惠政策是促成大学生自主创业的基础工程,因此在高校中大力推行创业教育。据政治组织"英国青年失业"统计,目前约有半数英国大学开设创业辅导课程。另外,不少高校会为学生举行创业周巡讲、企业家谈创业和企业银行业务介绍等活动,给学生一个完整的创业路径图,避免创业过程中不必要的挫折。

4. 破解大学生创业的资金难题

资金是制约大学生创业的一个"瓶颈",英国政府通过成立政府基金、制订税收优惠政策、吸引社会投资等方式帮助大学生缓解创业中的资金问题。

1983年,在英国王储查尔斯王子的大力倡导及王子基金的支持下,英国启动了"青年创业计划",该计划通过企业界和社会力量为大学生提供咨询,在资金、技术等方面帮助大学生创业。学生申请资助的手续十分简便,不需要任何财产抵押和担保,但也不是无偿使用的赠款,而是要按规定分期还款,当然,所付利息低于同期银行利息。1999年王子基金发展为青年创业国际计划,该计划以低于银行利息的方式为青年提供创业启动金,需按规定分期还款,最高金融可达5000英镑。当青年创业经营困难或经营失败时,可以申请减免或延期还款。

1990~2000年,英国集中推出各种税收优惠政策。英国涉及创业投资税收激励的法规主要有三个:《公司投资法规》《创业投资信托法规》和《公司创业投资法规》。以2000年开始实施的《公司创业投资法规》为例,规定以股权投资的方式进入创业投资领域的公司,可以获得税收优惠:如果投资到未上市的小型高风险企业,并持有股份3年以上,可获得的公司税抵免额为投资额的20%,如果追加投资,公司税可推迟缴纳;处理股权投资时,如果出现资本损失,投资公司就可以得到损失补偿。

为了吸引私人资本参与创业投资,英国政府采取了多种政策措施。促进创业投资、私募股权投资市场发展,引导私人资本进入这一市场,并特别关注早期创新企业。这些措施包括政府与私人共同投资、给私人部门税收优惠,丰富退出渠道等,从而促进私人投资增加,形成良好的投资环境。在促进股权资本投资早期企业的政策中,最主要的两类政策:一是设立政府和私人共同出资的投资基金,实现政府资金对私人资本的引导作用;二是实行税收优惠,通过降低私人资本的投资成本鼓励其投资于早期创新企业。目前,英国私人股权融资的水平非常高,其私人股权创业投资市场是当前欧洲最大、最发达的市场,每年提供大约38%的创业投资资金,大学生创办科技型企业由此源源不断地获得资金支持。

5. 发放创业签证,吸引留学生创业者

2012年4月,英国内政部推出了毕业生创业签证(Graduate Entrepreneur Visa)。只要毕业于英国高校,获得学士以上学位创业项目计划书得到英国高校或英国贸易投资总署评估和支持,就可以满足申请条件。毕业生企业家签证最长可以获批两年(1年首签+1年续签),签证持有期间内,可以携带家属。签证到期后,申请人只需证明已持有5万英镑投资资金,即可转为企业家移民签证,这项举措极大地促进了外国留学生的创业热情,为英国的创新创业注入新的活力。

(三) 韩国促进大学生创业的政策

在1997年亚洲金融危机之前,韩国大学生并不接受"自主创业",很多大学生毕业之后最渴望的是进入一家大公司。即使到韩国经济好转的2004年,愿意到企业或政府就业的大学毕业生仍占68%,选择考研或留学的占14.7%,立志创业者只有11.1%。然而,韩国政府和全社会通过不懈的努力,逐渐让"创新创业"四个字深入韩国大学生的心中。

1. 以大学为政策载体促进创业

韩国政府为推动大学支持学生创业所实施的关键政策之一是由韩国国家研究基金会(National Research Foundation of Korea,NRF)建立的评估与支持系统。NRF邀请大学加入LIUC(Leaders in Industry University Cooperation)项目,并对申请该项目的大学进行评估,被选中的大学可以得到一定的资金。评估每年进行一次,如果一所大学的表现在当年评估中被认可,那么第二年将能够得到更多的资金支持。这项政策有力地推动了许多大学开展创业教育。中央与地方政府将补贴给企业的研发资金发给与其合作的大学,行业协会和综合性大企业也将其研发资金投给大学,获得研究资金的教授需要将其研究领域拓宽到基于实践的项目,从而为大学生创业提供机会,促进产业、学校与政府之间的互动。

为了鼓励和帮助大学生创业,韩国政府成立了以大学为中心的"创业支援中心"。韩国几乎每所大学都设立"创业支援中心",大学生申请进入中心需要提供详细的创业计划书,韩国政府和学校会进行严格筛选,由大学教授和创业投资专业委员会的评审团来评价决定。进入创业支援中心的学生,可以得到"一站式"的服务。大学生创业急需的营业场地、租金等,都可以获得支持。中心提供很低甚至免费的办公室、办公家具等设施。中心帮助大学生联系各专业的指导教授,协助进行可行性调查和分析,向经验不足的大学生提供法律、税务、谈判等咨询服务,还帮大学生筹资。

2. 为大学生破解创业资金难题

为使大学生的优秀创业想法和项目变成现实,韩国政府提供了与商业企业同样的金融和政策支持,大学生创业企业在贷款利率等方面甚至比商业企业还要优惠。韩国政府还积极鼓励各种资本对高科技新创企业进行投资,个人对创新项目进行投资时,政府会给予30%的返还。韩国的创业公司、创业支持组织和投资者等利益相关者形成了一个创业生态系统,为大学生创业提供了良好支持。

3. 完善保护创业企业的法律体系

经过多年发展,韩国形成了比较完备的支持中小企业发展的法规体系,如《中小企业基本法》《中小企业振兴法》《中小企业协同组织法》《中小企业系列化促进法》《中小企业事业调整法》《中小企业创业支援法》《促进中小企业经营稳定及结构调整法》《中小企业制品购买促进法》以及有关中小企业出口、金融、税收等方面的法律法规。这些法律法规互相补充,非常系统、全面、完整。韩国中小企业立法以其扶持型政策的实践在世界各国中具有典型性,为大学生创业提供了良好的法律环境。

4. 全球视野的创业促进政策

受韩国本土市场的规模限制,韩国实行了全球初创企业支持计划,于2013年先后制定了《创意经济实现计划》和《全球企业家计划》。2014年又出台了《外国技术创业支持项目》,促进回国留学生创业。自2015年起,韩国整合了创业在线平台K-startup,以有效指导政府的启动支持项目。2016年韩国出台了《跨国星际创业培训计划》,充分利用海外人力资源,使国内初创公司从成立之初就能够获得全球竞争力。2017年,基于对外国学生大多是在其本国经济和社会地位较高的精英阶层的判断,韩国科学技术政策研究所与总统青年委员实施了"利用外国学生韩国创业生态系统全球化(2017)"任务,致力于推动外籍留学生创业。

案例 3-1

韩国全球创业支持计划及成功案例

为了克服国内市场规模的限制并扩大海外市场,韩国的初创企业正在积极进入海外市场。然而,由于存在语言障碍和信息不畅,企业缺乏对市场的深入了解,进入海外市场存在许多困难。随着新兴企业的全球化趋势,外国人才和技术进入国内市场的新情况出现了。韩国政府计划和实施了各种全球初创企业支持计划,"MoonROK"就是国外人才进入韩国创业的成功案例。

MoonROK 的首席执行官是美国人汉娜·怀特（Hannah Waitt），她进入韩国并成功与韩国人共同创立了 MoonROK 网站（http：//www.MoonROK.com/）。该网站成立于 2016 年，旨在向 K-Pop（意思为韩国说唱音乐）的外国粉丝宣传韩国偶像和娱乐节目。K-Pop 在全球范围内广受欢迎，Moonrak 提供了所有与 K-Pop 相关的英语信息，让不会说朝鲜语的外国人也能享受 K-Pop 的快乐。以下是 Entrepreneurship Korea 杂志对汉娜·怀特的采访记录。

问：是什么促使您启动 MoonROK？

答：2011 年，我在美国德克萨斯州的一所大学就读。写毕业论文时，我偶然看到社交媒体上的音乐视频《女孩时代》，非常震撼。我由此对 K-POP 产生了兴趣，决定用该主题写毕业论文。当时我没有英文的 K-POP 新闻源，所以经常在韩国的搜索网站中获取新闻并翻译成英文。大学毕业后，我继续攻读研究生。当我尝试建立网站时，韩国朋友朴佑三和我合作了。

问：MoonROK 的商业模式是什么？

答：首先是首页中的广告收入，其次我们计划找合作者做电子商务获利，最后通过为 K-POP 艺术家到南美巡回演出牵线搭桥获得收入。此外，我们计划将来使用 MoonROK 平台上构建的大数据为 K-POP 粉丝服务，如设计巡回演出的计划。

问：MoonROK 与竞争对手有何不同？

答：首先，我们在网站设计上付出了很多努力。其次，为了避免出现不实新闻，当出现八卦时会等待艺术家的正式回应再发布文章，这项政策使歌迷能获得可信的信息。我们还在网站上提供了演出地图，因此身处伦敦的人可以了解巴黎的所有 K-POP 巡回演出和门票。此外，我们还提供 Wikipop 服务，即提供 K-POP 的韩文歌词、英语歌词和韩文英语发音歌词。我们提供的视频内容不仅可以被外国人欣赏，通过 YouTube 播放也获得了韩国粉丝的喜爱。这些服务是我们自己的内容，与其他竞争对手不同。

问：Moonnrok 的未来业务计划是什么？

答：首先，我们将提供西班牙语版本。其次，我们计划引入 MoonROK 的应用程序。在韩国，我们计划与 Interpark 合作通过 MoonROK 主页启动电子商务服务。将来，MoonROK 希望成为一家媒体公司，不仅宣传 K-POP，而且宣传 C-POP（中国说唱音乐），J-POP（日本说唱音乐）和宝菜坞等其他文化。我梦想建立一个人们不仅与 K-POP 交流,而且还与其他国家的音乐交流的世界。

问:您对希望创业的人有什么建议?

答:我想说,去行动吧!有时我想如果早一年开始创业,也许会比现在做得更好。因此,如果您对自己的想法充满信心,我建议您挑战一下创业。作为外国人,在韩国创业会遇到许多困难,如文化差异,但在韩国联合创始人的帮助下,我们最终克服了种种困难,因此我强调韩国伙伴的重要性。最后,我建议正在考虑创业的准企业家相信他们的想法并思考如何说服投资者们。

资料来源:Li Zhengyu. Global Entrepreneurship support projects and successful cases [J]. Entrepreneurship Korea, 2017 (6):12-14.

四、国外创业政策对中国的启示

1. 以政府为核心,建立创业生态体系

推动大学生创业是一个系统工程,良好的创业生态系统不仅能促进大学生创业,还能为创业者提供全面、良好的综合服务,提高大学生创业的成功率。创新创业生态体系是对创新与创业、经济与社会、组织与个人紧密结合发展状态的描述。政府在打造创业生态系统的过程中起主导作用,通过出台政策法规,将领军企业、高校以及科研院所、高端人才、天使投资和创业金融、以新型孵化器为代表的创新创业服务、创新创业文化这六大要素整合协调起来。目前我国各级政府出台的创业扶持政策很多,但综合性的创业扶持政策较少,有些政策的宣传力度不足,有些政策实施情况不如预期。各级政府在制订政策时,应综合运用经济、法律、行政手段,充分调动创业生态系统中各个主体的积极性。以政府创业引导基金为例,可借鉴国外经验,在政府牵头出资的前提下,广泛吸取社会资本参与。

2. 加强创业促进立法,增强政策执行力

创业政策不具备法律效力,仅起引导、支持作用,在执行时可能力度不够,无法落实到位。同时政策因时而变、因情况而变,其不稳定性使创业者缺乏安全感,而法律不仅可以提供这种安全感,还能为政策执行各方带来引导,为国家的方针战略提供保障。也可参考其他国家的经验,在税收、融资等与大学生创业相关的扶持政策上进行法律化，从而提高政策的执行权威，期盼酝酿中的《青年创业促进条例》早日出台。

3. 扩大政策惠及面，打破区域限制

目前中国推动大学生创业的政策，主要针对国内创业项目，还没有政策鼓励大学生到海外创业，也没有专门针对外国留学生的创业项目。中国各省区市出台的创业扶持政策多数有户籍和毕业年限的限制，导致政策受益群体有限，与当前人才的快速跨区域流动趋势不符。相比之下，国外大学生创业扶持政策限制较少，并且创业扶持的覆盖面较广，已经将目光看向国际化发展。例如，英国的青年创业国际计划，其项目模式已经在全球很多国家成功运行。根据相关统计数据，2009~2018年在华留学生的数量由23.82万增长到49.22万，如果点燃这个庞大的群体的创业激情，将给中国的创新创业带来新的活力。

4. 充分发挥图书馆、科技馆等文化设施的作用

公共文化设施是以各级人民政府及职能部门为主，其他企业、事业单位、社会团体和个人等社会力量为辅设立的文化机构，具体包括图书馆、博物馆、科技馆、展览馆、美术馆、影剧院、演出场所、文化广场、文化公园等。目前国内部分图书馆，如国家图书馆、上海图书馆、长沙图书馆、广州图书馆等已经在积极争取参与到"双创"布局中，依托良好的场地设施和自身丰富的知识资源，设立众创空间、创客工厂等双创服务场所。从服务方式来看，主要立足现有资源，从文献、专题情报检索、专利信息和共享空间四个方面为高校、科研机构和企业用户等提供支持。从服务效果来看，由于内容较为单一，服务范围有限，未能满足大学生创业者的多元需求。为了切实推进双创工作，应改变当前公共文化设施利用率不高的现象，充分发挥图书馆、科技馆、博物馆、美术馆等文化设施的作用，招收双创人才，开辟众创空间，开展延时服务、错峰服务，让公共文化设施成为新的创业孵化器。

本章参考文献

[1] 杜天宝，于纯浩，温卓. 大学生创新创业政策扶持体系优化研究 [J]. 经济纵横，2019 (9)：88-94.

[2] 辜胜阻，肖鼎光，洪群联. 完善中国创业政策体系的对策研究 [J]. 中国人口科学，2008 (1)：10-18.

[3] 孟莹. 美国大学生创业的外部支撑体系研究 [D]. 杭州：浙江大学，2017.

[4] 刘军. 中国大学生创业政策：演进逻辑及其趋向 [J]. 山东大学学报（哲学

社会科学版),2015(3):46-53.

[5] 林龙飞,陈传波.中国创业政策40年——历程回顾与趋向展望[J].经济体制改革,2019(1):9-15.

[6] 曹颖,孙钰涵,逯志刚,高静.创业政策与创业意愿对大学生创业绩效的组态效应研究——基于22个大学生创业公司的PCA-fsQCA分析[J].职业技术教育,2020(3):44-48.

[7] 薛浩,陈桂香.大学生创业扶持政策评价体系构建研究[J].国家教育行政学院学报,2019(3):14-19.

[8] 谭玉,李明雪和吴晓旺.大学生创新创业政策的变迁和支持研究——基于59篇大学生创新创业政策文本的分析[J].现代教育技术,2019(5):112-118.

[9] 郑德前.中外大学生创业融资政策比较研究[J].青岛科技大学学报(社会科学版),2011(4):117-120.

[10] 安亚军.国际创业引导基金运作模式[J].国际商务财会,2014(10):81-82.

[11] 赵璐诗.美国、荷兰政府对大学生创业政策扶持经验及启示[J].商业经济,2013(1):24-25+37.

[12] 王新.促进大学生就业创业的国外经验及借鉴[J].教育与职业,2015(7):80-81.

[13] 刘石磊.英国为化解大学生就业难鼓励自主创业[EB/OL].(2014-12-19)[2020-08-01].https://world.huanqiu.com/article/9CaKrnJG4ZS.

[14] 周海涛,董志霞.美国大学生创业支持政策及其启示[J].高等教育研究,2014(6).

[15] 赵树播.为什么美国大学生创业率高[N].光明日报,2014-08-07(15).

[16] 檀博,徐慧芳.大英图书馆创新创业支撑服务及启示[J].图书馆学研究,2019(20):94-101.

[17] 国家发改委经济研究所课题组.英国创业资本投资早期创新企业相关政策及启示[J].经济研究参考,2013(63):36-50.

[18] 吕伊雯,施永川.创新与合作是大学生创业的关键——访韩国生产力协会会长、群山大学创业教育中心主任金显教授[J].世界教育信息,2016,29(20):27-28.

[19] 谭福河.韩国政府对大学生创业支援之借鉴意义[J].经济研究导刊,2007(10):183-184.

[20] 薛志谦.我国青年创业扶持政策的现状、价值及优化[J].北京青年工作研究,2017(2):33-40.

[21] 温治,马明."双创"背景下大学生创业政策研究[J].教育理论与实践,2018,38(33):20-22.

[22] 王明杰. 主要发达国家城市创新创业生态体系建设比较研究——以德国,美国,英国,法国为例 [J]. 行政论坛, 2016 (2): 99-104.

[23] 杨秀丽. 新经济背景下大学生创新创业生态系统构建 [J]. 继续教育研究, 2019, 245 (1): 42-49.

[24] LiZhengyu. Global Entrepreneurship support projects and successful cases [J]. Entrepreneurship Korea, 2017 (6): 12-14

第二篇

理论——大学生创业的一般规律

第四章 认识大学生创业

一、创业的定义与内涵

(一) "创业"溯源

"创业"(Entrepreneurship)一词由"创业者"(Entrepreneur)一词延伸而来,学术界广泛认为"创业"一词的起源最早可以追溯至 1755 年,法国经济学家理查德·坎蒂隆首次将"创业者"的概念引入经济学领域,指出"创业者是担当风险并可能合法地拥有其收益的人,风险体现在以固定价格买入商品并以不确定的价格卖出,收益就是卖出价与买入价之差"。在这个定义中关于创业的风险性和合法性的阐述,至今仍具有现实意义,然而将创业定义为赚取价格差,显然已与当今时代的要求不相符合。

(二) 创业的核心是创新

"创业"一词出现已有 200 多年的历史,但"创业"开始作为一个学术研究领域,则出现在 20 世纪 80 年代。奥地利经济学家约瑟夫·熊彼特指出:"创业强调革新,包含新的产品、新的生产方法、新的市场、新的组织形式。财富就是在满足新的需求的革新活动中被创造出来的。从这个角度来说,创业者可以被视为那些将各种不同的因素组合在一项革新性的活动中,并以此满足消费者的需求的人。同时,他们也希望实现的价值要超越原来的各因素的价值总和,并且能够创造出新财富"。被誉为现代管理学之父的彼得·德鲁克在其所著《创新与创业精神》一书中也写道:"创业是一种行为,而不是个人性格特征。只有那些能够创造出一些新的、与众不同的事情并能创造价值的活动才是创业,它与管理是一体两面"。两位著名学者关于创新与创业密不可分，创业的本质是创新的观点得到了中外学者的普遍认同。国内学者杜天宝（2019）提出，应该将创新和创业并列使用，创新是创业的特质和内在动力，创业是创新的方向和目标。

（三）创业定义的复合性

除了创新这个核心要素外，创业跨越多个学科，涉及变革、创新、技术与环境的变化、新产品开发、小企业管理、企业与创业家个体和产业发展等问题，研究学科包括心理学、社会学、经济学、管理学、人类学和历史学等。不同方向的学者在"创业"这个领域进行了各自的探索，由于切入点各不相同，得出的结论各有侧重。朱仁宏（2004）通过分析国外学者的研究成果，总结出创业定义的四个立足点，分别是创业家个性与心理特质、识别机会、利用机会、创建新组织和开展新业务。赵鹤（2015）通过对中外学者的成果进行梳理，得出了创业定义领域中的四个焦点，分别是整合资源、市场需求、提供产品和服务、创造价值。两位学者的观点虽然不尽相同，但揭示了创业定义的多元性和复杂性，也正是因为如此，"创业"至今没有在学术界上公认的确切定义。杨玉华（2006）强调企业家精神：创业是一个复杂的、创造性的事业，创业不仅需要创业的精神、创业的素质和创业的经验，而且是一个需要奉献、长期坚守和不断创新的过程。韩雪（2013）突出资源运用和价值创造：创业是创业者对自己拥有的资源或通过努力能够拥有的资源进行优化整合，从而创造出更大经济或社会价值的过程。南开大学创业管理研究中心主任张玉利教授强调机会的把握，"创业的本质在于把握机会、创造性地整合资源、创新和快速行动，创业精神是创新的源泉"。

二、大学生创业的定义

关于大学生创业的定义，学者的研究结果可分为两类：第一种观点认为创业的过程大同小异，将研究重点放在创业主体的界定上；第二种观点则认为大学生创业的过程具有特殊性，致力于讨论大学生创业与其他主体创业的差异。

（一）关于创业主体的界定

一些学者认为大学生作为创业主体有其独特之处，但是创业过程与社会上非大学生创业主体的创业过程并没有本质的不同。按照这种思路，大学生创业的定义只须在一般性的创业定义上加上"大学生"三个字即可。例如，郭必裕（2002）提出，大学生创业是一种以在校大学生和已毕业大学生的特殊群体为创业主体的创业过程。康栋东（2007）提出，大学生创业是大学生面向市场自主创办企业捕捉商业机会、整合生产要素、提供产品服务、获得商业收益的活动。陈春晓（2018）则将大学生创业定义为：大学生创业者识别并捕捉市场机会，评估所掌握或可获得的资源，能够获取相应资源，进而创建新的组织，并对新组织的新业务进行管理的动态过程。

"大学生"泛指正在接受基础高等教育和专业高等教育还未毕业或受过高等教育已经毕业走进社会的人。按照这个广泛的定义，大学生群体非常庞大。然而，大学生创业并非针对所有在读和毕业的大学生，因此对大学生创业进行定义时有必要缩小主体的范围。2002年2月，国务院办公厅转发了国办发〔2002〕19号文《关于进一步深化普通高等学校毕业生就业制度改革有关问题的意见》，提出对毕业离校时未落实工作单位的高校毕业生，可将其户口、档案两年内继续保留在原就读高校。参考这一做法，教育部高校学生司将大学生创业准备期定为2年，各地很多针对大学生创业的政策也都以2年作为时间点。翟庆华（2014）据此把大学生创业定义为：高校学生在就读期间或毕业后2年内从事自主创办、经营企业的行为。随着促进大学生创业政策的逐渐放宽，学者延长了对年限的界定，如梁宏蕾（2019）提出大学生创业是指普通高等学校学生和毕业5年内的大学生（包括专科生、本科生、硕士生、博士生和回国留学生）由一定动机产生的，发现和把握市场机会，提升自身创新技能，提供市场和社会所需的产品或服务，从而获得经济回报、实现自我价值并承担风险的过程。

（二）关于创业特点的界定

大学生群体最突出的特点是有着较为丰富的知识储备和创造力（包腾龙，2018）。大学生是高素质、高智商的群体，是国家和社会重要的资源，是经济社会发展的重要依靠者和建设者。因此，大学生创业应该将智力成果转化为生产力，从而创造更大的社会价值。王艳红（2014）指出大学生创业是将大学生作为创业者主体，凭借自身所拥有的知识、技术专利或者非凡的创意，通过对国家创业政策的掌握，将社会需求与学校创业教育相结合，组织资源，建立创业团队，在合乎国家政策及法律法规条件下，所进行的生产经营活动，其目的在于对财富的追求和自我价值的实现。刘畅（2016）将大学生创业定义为：拥有一定专业知识、技能的高素质劳动者（个人或团队），利用现有技术或者创新技术，创造或把握商机，创设新的经济组织或以新的生产经营模式，完成服务或生产的过程，实现创造新价值的活动。

大学生群体许多是"白手起家"，在资源的拥有和使用方面都较为欠缺，一些学者以此作为定义的重点。例如，向渊婧（2009）提出大学生创业是指大学生中的创业者发现机会、整合资源最终实现自己的创业目的一系列创业活动。韩雪（2013）将大学生创业定义为：大学生由于受到可用资源的限制，而寻找创造性的方式来开发机会、创建企业，并使企业成长，进而创造出经济和社会价值的过程。

大学生是一群个性独立鲜明的群体，他们期望通过创业得到认可和尊重，大学生创业带有强大的心理需求。周璐（2008）指出大学生创业者是在追求个人富足和自身价值实现的同时，创造社会财富和吸纳劳动力，切实为国家经济发展和社会进步做出积极贡献的群体。幸姚李顺（2020）认为学生创业不仅包括对社会资源的重组、配置和利用，创造财富和价值，更应该是对个体价值和创业认知的构建过程。

三、大学生创业的意义

随着大学生创业教育以及大学生创业活动的广泛开展，社会各个层面越来越多的人开始意识到，大学生创业的作用和社会意义非常重大。

（一）大学生创业是国家发展的推进器

创业是发展之基、振兴之道、富民之本。创业对于市场体系的完善、市场的合理化、企业的创新与提高、企业核心竞争力的获得与强化、企业乃至整个经济的国际竞争力的提高，都有着非常重要的作用。我国要在21世纪中叶建成富强、民主、文明、和谐、美丽的社会主义现代化强国，必须依靠大众创新意识和创新能力，依靠科技创新实现跨越式的发展。近年来高校学生日渐成为创业中的生力军，大学生创业推动技术进步和科技创新的作用也日益明显。而在技术创新中，中小企业是最活跃的主体，据统计，美国有50%的技术创新来自中小企业。虽然中小企业中真正能发展成大型企业的只是少数，但正是这些具有强烈创新冲动的中小企业不断诞生、发展、兼并，才使整个经济社会充满生机和活力，推动着经济社会的不断繁荣和进步。

（二）大学生创业是缓解就业问题的有效途径

就业是民生之本，是人民改善生活的基本前提和基本途径。目前，中国的改革正进入攻坚阶段，产业结构正进行优化和调整，在这个重大社会转型期，就业矛盾更加突出。2020年席卷全球的疫情让就业压力剧增，在今后较长时期内，我国总体就业形势相当严峻。管理学大师德鲁克曾对1965~1984年的美国经济进行研究，他发现创业型就业是美国就业政策成功的核心，就业机会多是中小企业创造的，并且都是创业型和创新型企业创造的。尤其在大企业进行大裁员时，中小企业在稳定就业方面起着越发重要的作用。国际经验还显示，等量资金投资于小企业，它所创造的就业机会是大企业的4倍。一个国家有99.5%的企业属于小企业，65%~80%的劳动者在小企业就业。因此，创业是积极就业的一种重要形式，是缓解目前就业压力的一条根本途径。大学生作为国家的栋梁，具有创新创业的基本素质，因而通过创业解决自身就业问题，并带动社会其他人群创业，对于社会经济发展和和谐社会的建立都具有重要意义。

（三）创业是促进大学生成长的重要方式

创业是人们开创事业的实践活动，是一个复杂、艰难和极富挑战性的过程，是把人生理想转化为社会现实、实现自身全面发展的有效途径。当代大学生关注个性化发展，越来越多的大学生以创业为目标，追求在最大程度上发展个性，施展才华。创业意味着自由的选择，可以将自己的职业和兴趣、特长、专业相结合，做自己感兴趣的、擅长的、觉得有价值的事。在创业过程中，大学生创业者的智商、情商和财商可以得到最大限度的发挥。他们接触各类人物，从事各类工作，经历各种感受，极大地丰富了自己的人生。大学生创业不光是一种能力的提升，更是一种精神上的升华，这是一种敢于冒险、不怕吃苦、勇于上进的积极心态，是对社会对他人责任感的提升。在创业的过程中，大学生会时刻面临诸多困难和挑战，也会发现很多机遇。通过不断战胜这些困难和挑战，大学生将锻炼坚强的意志，担当起对员工、客户和社会的责任。当大学生通过自身努力，让产品和服务得到市场的认可，让事业从无到有从小到大，让自己的物质财富和社会声誉快速增长时，将会获得巨大的自我价值感。此外，创业者在当今社会普遍得到鼓励和人们的尊重，各种媒体大量报道创业新闻，许多白手起家的成功故事脍炙人耳，创业成功所带来的满意感、幸福感是常人难于企及的。

四、大学生创业的类别

中国的经济处于高速发展阶段，因此创造了相当多的创业机会，并催生出大量的创业类型。大学生创业领域中的研究汗牛充栋，但是对创业类型的研究不多，目前学术界对大学生创业类型的划分尚未得出统一的定义。本章将已有研究进行了系统梳理，现有研究主要从创业动机、创业时间点、创业者数量、创业项目、创业组织形式、创业要素等方面对创业进行分类。

（一）创业动机

张晓娟、李春琴（2018）从动机角度将创业分为机会型创业和就业型创业。机会型创业指在创业前已对市场需求与未来发展趋势有一定的认识，并致力于扩大市场需求或挖掘潜在市场需求，其往往是市场中的先行者或发现者。机会型创业会带动新的产业发展，而不是加剧市场竞争。世界各国的创业活动以机会型创业为主，但中国的机会型创业数量较少。就业型创业的目的在于谋生，为了谋生而自觉地或被迫地走上创业之路。这类创业大多属于尾随型和模仿型，规模较小，项目多集中在服务业，并没有创造新需求，而是在现有的市场上寻找创业机会。由于其创业动机仅仅是为了谋生，往往小富即安，极难做大做强。

汪福秀等（2016）则用了更加通俗的语言阐述了创业的6种动机，虽然不是专门针对大学生创业，但也具有较好的适用性。第一种是为了解决就业问题，因为就业难而选择创业；第二种是接管家里的业务走上创业者的道路；第三种是从政策中发现灵感机遇而创业；第四种是机缘巧合，本无心创业但因种种原因走上创业之路；第五种是为了将自己掌握的技术进行市场推广，进行创业；第六种是对创业抱有热忱，事先规划和准备，时机成熟即创业。

（二）创业时间点

林学军和郑慧娟（2018）根据大学生创业的时间节点，将大学生创业分为三个类别。

第一，在校大学生创业。即边学习边创业，也有学者称其为兼职创业。对学生来说，兼职创业无须放弃学生本职学业，又能充分利用在兼职中积累的商业资源和人脉关系，可实现鱼和熊掌兼得的梦想，而且进退自如，大大减少了创业风险。兼职创业首先需要平衡学习与工作的关系问题，在校大学生创业多从服务学校与学生出发进行创业活动，充分利用校园资源优势，在业余时间发展自己的兴趣爱好，为梦想的实现创造机会。

第二，刚毕业的大学生创业。如果在学校时有创业项目或创业企业，那么就可以延续下来，接着做就是了。这就是以创业带动就业，创业与就业能够很好地衔接，从而解决大学生的就业问题。

第三，已经毕业的大学生创业。经过3~5年的社会实践，大学生在社会经验、人脉、技术等方面都有了较大的提高，如果有创业机会的话，此时进行创业，则成功的概率可以大大提高。

（三）创业者数量

张晓娟和李春琴（2018）提出可以根据创业者数量分为个人独立创业还是多人合伙创业。个人独立创业指仅有一位创业者的创业活动。个人独立创业也成为一种很平常的现象。独创企业的特点在于产权是创业者个人独有的，产权清晰，企业利润归创业者独有，企业由创业者自由掌控，创业者按自己的思路来经营和发展自己的企业，无须迎合其他持股者的利益要求及其对企业经营的干扰。但是，独创企业需要创业者面临独自承担风险、创业资金筹备比较困难、财务压力大和个人才能有限等问题。合伙创业是指与他人共同创办企业。与独创企业相比，合伙创业有以下几个优势：一是共担风险；二是融资难的问题得到缓解；三是有利于优势互补，形成一定的团队优势。不利因素是：一是易产生利益冲突；二是易出现中途退场者；三是企业内部管理交易费用较高；四是对企业发展目标可能有分歧。

（四）创业项目

张晓娟和李春琴（2018）按创业项目将创业分为传统技能型、高新技术型和知识服务型三种。传统技能型创业主要是通过在如造纸、餐饮、保健、艺术加工和装饰等领域对传统技能的展现，满足消费者对传统文化气息的需求与现代技术创新的需求。传统的魅力和独到的文化渲染是传统技能型创业能否成功的重要保障，坚持传统的优势在这一类型的创业中体现得淋漓尽致。高新技术型即知识经济项目、高科技项目，具有前沿性、研究开发性。知识服务型是现代信息技术发展催生的一个发展方向，社会知识总量不断扩大和学科划分不断细化是社会分工发展不断高级化的特征，这使如专利代理、会计事务所等专业知识服务的发展越来越快。

（五）创业组织形式

陈小燕（2014）通过研究提出大学生创业的组织形式可分为四种，分为是独立自创类型、加盟代理类型、创意类型和孵化器类型。

独立自创类型是指由个人或团队经营的，一般为个人独资或合资，主要目的是在实现就业的基础上积累原始资本和经验，主要是采取自我雇佣的业主组织形式进行管理。该类型基本集中在商品零售行业，如零食、体育器材、电脑配件、日用品、酒吧、餐厅等方面。这一类型的投资小、成本低、风险小，再加上创业者为本院校学生，非常了解周围大学生消费群体及消费需求，故有较高的成功率。

加盟代理类型是大学生以个人或团队进行创业，用加盟商的身份和连锁公司总部签订合同。连锁公司总部提供最少一项独特商业经营特权，加盟商相应付出报偿。这一模式主要涉及快递、美容产品、服装等科技含量低和消费人群大的行业。虽然所代理企业的品牌效应有助于减少经营风险，并带来较大的经济利益，但其门槛较高，需要较多的资金投入，因此，大部分的大学生选择加盟代理模式仅局限于做校园代理，长远发展受到限制。

创意类型是大学生利用新颖想法进行的创业活动。该创业类型基本集中在一些新兴行业，如网络、艺术、装饰等。其组织管理形式不受限制，多数以个人独资或合伙形式，规模较大的采用股份公司。此创业类型具有很强的不确定性，创业难度系数高，对创业者的能力要求较高。

孵化器类型是大学生受创业大赛驱动和高校创业园区环境熏陶、资助、催化而产生的创业活动。大学生们在创业比赛中不断成长，当中的优秀创业者还有机会获得创业基金或大学生创业投资公司的资金支持，专家培训指导以及一系列的优待政策。该模式对资金、技术、创业者能力以及政府支持要求较高，主要集中在高科技行业，服务行业所占的比例不大。

（六）创业要素

周志成（2017）提出只有反映创业要素的内涵才是对创业最根本的定义，同理，只有基于创业要素的分类才是最有效的分类。创业是"技术、市场、组织"三要素共同作用的结果。三要素的交叉组合形成了创业的基本状态及类型。如果将这三个要素放在三个圆圈里并互相交叉，会出现七个区域，构成创业的七种状态。组织、技术、市场皆备的区域是创业成功区；其他六个区域为创业尚未成功的状态，缺少1~2个要素，可以概括为创业的六种状态，也可以概括为创业的六种类型，即只有一个要素的三种基本类型：组织引领型、科技驱动型、市场导向型；有三个要素的衍生类型：市场拓展型、技术研发型、组织创建型。

1. 基本类型

基本类型指大学生创业时只具备三个要素中的一个，其他两个要素需要在创业实践中补齐，分别是组织引领型、科技驱动型和市场导向型。组织引领型指具备"组织"要素，但没有技术和市场，即有一个志愿创业的团队，需要研发或购买技术、拓展市场。科技驱动型指有"技术"要素，但没有组织和市场，即有成型的科技成果，需要创建组织或寻找成熟的企业、拓展市场,并评估该科技成果有无市场需求。市场导向型指有市场,但没有组织和技术,即发现了市场的需求,需要创建组织或寻找成熟的企业、研发或购买技术。

2. 衍生类型

衍生类型指大学生在基本型的基础上补充了一个创业要素,或者原本就具备两种创业要素的情况,分别是市场拓展型、组织创建型和技术研发型。市场拓展型是有组织和技术,但没有市场,即有一个志愿创业的团队和成型的科技成果,需要评估该科技成果的市场需求,并拓展市场。组织创建型是有技术和市场,但没有组织,即有成型的科技成果和市场对该科技成果的需求,需要创建创业组织或寻找成熟的企业。技术研发型是有组织和市场,但没有技术,即有一个志愿创业的团队,并发现了市场的需求,需要研发和购买科技成果。

本章参考文献

[1] 周璐. 浅谈高等院校大学生自主创业 [J]. 辽宁行政学院学报, 2008 (9): 226 - 227.

[2] 赵鹤. 再论创业的定义与内涵:从词源考古到现代释义 [J]. 教育教学论坛, 2015 (1): 84 - 86.

[3] 向渊婧. 大学生创业影响因素与创业机制探讨——侧重于大学生创业群体的调查 [D]. 武汉:湖北大学, 2009.

[4] 陈春晓. 高校创业教育引论:应用型院校创业教育对策研究 [M]. 北京:北京邮电大学出版社, 2018.

[5] 翟庆华, 叶明海. 大学生创业者自我效能、资源、机会与商业模式的匹配关系研究 [M]. 北京:中国经济出版社, 2014.

[6] 包腾龙. 大学生全面人才培养的职业发展与就业指导 [M]. 武汉:华中科技大学出版社, 2018.

[7] 郭必裕. 我国大学生创业的特征及其分析 [J]. 白城师范高等专科学校学报, 2002 (1): 14 - 16.

[8] 康栋东. 大学生 KACB 创业基础 [M]. 北京:企业管理出版社, 2007.

[9] 王艳红, 赵丽丽. 大学生创业环境与政策研究 [M]. 石家庄:河北人民出版社, 2014.

[10] 梁宏蕾. 大学生创业影响因素及特质要求分析 [J]. 中国商论, 2019 (11): 235 - 237.

[11] 刘畅, 刘海宁. 高校创业教育模式研究 [J]. 辽宁经济管理干部学院学报, 2016, 87 (5): 64 - 67.

［12］朱仁宏．创业研究前沿理论探讨——定义，概念框架与研究边界［J］．管理科学，2004，17（4）：71-77．

［13］彼得·德鲁克．创新与企业家精神［M］．海口：海南出版社，2000．

［14］韩雪，周颂．大学生创业宝典［M］．北京：中国金融出版社，2013．

［15］杨玉华．创业：一项复杂的系统工程——大学生创业热的思考［J］．科技创业，2006（10）：37-38．

［16］理查德·坎蒂隆．商业性质概论［M］．北京：商务印书馆，2011．

［17］叶文振．大学生就业导论［M］．厦门：厦门大学出版社，2012．

［18］杨莲琼，穆月玲．大学生职业指导与行动指南［M］．银川：宁夏人民教育出版社，2017．

［19］丁家秀．浅谈大学生创业问题的分析及意义［J］．青春岁月，2018（5）：156．

［20］陈小燕，韩露．独立学院大学生创业类型探讨［J］．江西青年职业学院学报，2014，24（4）：46-49．

［21］汪福秀，张洪峰，曾昭海．大学生就业与创业指导［M］．北京：中国言实出版社，2016．

［22］周志成．略论大学生创业类型［J］．北京教育（高教），2017，771（1）：32-34．

［23］林学军，郑慧娟．大学生职业规划与就业指导教程［M］．广州：暨南大学出版社，2018．

［24］马纪岗．大学生入学教育［M］．北京：北京理工大学出版社，2018．

［25］张晓娟，李春琴．大学生创新创业教育研究［M］．北京．兵器工业出版社，2018．

［26］辛姚李顺．浅谈高校大学生创业的定义［J］．中外企业家，2020，675（13）：175-175．

第五章 大学生创业准备

机遇只青睐有准备的人。创业者要想成功,必须做充分的准备。本章将聚焦大学生创业者的身心因素,从激发创业精神、增长创业能力、提高身心素质三个方面讨论如何开展创业准备。至于市场研究、项目筛选等内容,会在其他章节阐述。

一、激发创业精神

建立企业不容易,实现一个企业的生存与发展更是艰辛的过程。如果说资金和项目对创业者而言非常重要的话,那么是否具有创业精神,也许是更重要的问题。创业精神既是创业的动力,也是创业的支柱。没有创业精神就不会有创业行动,也就无从谈起创业成功。据考夫曼基金会的调查表明,美国大学生中有创业意愿的人数达到70%,实际创业的人数占到20%,而在中国大学生中,有创业意愿的人达到80%,真正创业的只有0.01%。麦可思调查也发现,中国大学生真正创业比例不足2%,与高达76.7%的创业意愿形成鲜明对比,体现出中国大学生创业意愿尽管较高,但只有少数人真的采取创业行动。是什么阻碍了大学生迈出创业的步伐?笔者认为缺乏创业精神是重要原因。

(一) 创业精神的定义

从管理学的视角来说,创业者与企业家的内涵是一致的,因此创业精神通常被人们称为企业家精神,它是创业者在市场竞争中不断开拓进取、创造新价值的精神概述。哈佛大学商学院对其的定义是:"创业精神就是一个人不以当前有限的资源为基础而追求商机的精神。"现代管理学之父德鲁克提出创业精神其实更多地表现为一种创新性的活动或者行为，创业者通过这种行为对原有的资源进行重新组合，从而使其产生了新的财富。德鲁克认为创业精神应该是社会所必需的一种创新精神，并且认为正是因为拥有了这种创新精神才会推动社会的发展。国内学者则普遍认同：创业精神是创业者在创业过程中具有开创性的思想、观念、个性、意志、作风和品质等重要行为特征的高度凝练，主要表现为勇于创新、敢当风险、团结合作、坚持不懈等。

具体到大学生创业领域，创业精神是指能够激发大学生的创业兴趣，坚定大学生的创业意志，对创业各环节进行价值判断，规范创业行为、操守和信念，并不断鼓励创业大学生克服困难，实现创业目标和理想的精神体现。

（二）创业精神的内涵

1. 勇于创新

创新是创业精神的灵魂。正如现代管理学之父德鲁克反复强调的一样，企业家精神中最重要的就是创新。创新被认为是创业精神的具体化表现。勇于创新的人能敏锐识别出外部环境中的机会，积极运用自己的知识和经验进行思考，产生突破常规的解决之道。在创新的过程中，新产品或新服务的机会被确认、被创造，最后被开发出来产生新的财富。

乔布斯曾告诫其他管理者："不要被教条束缚，那意味着你和其他人思考的结果一起生活。不要被其他人喧嚣的观点掩盖你内心真正的声音。你要有勇气去听从你直觉和心灵的指示，它们在某种程度上知道你想要成为什么样子，所有其他的事情都是次要的。创新无极限！只要敢想，没有什么不可能。"乔布斯认为优秀的企业不会去问消费者想要什么，而是主动去创造那些消费者需要但表达不出来的需求。正是遵循这样的商业逻辑，苹果公司"比消费者更懂消费者"，用智能手机、平板电脑、运动手环等创新产品，一次又一次引领了行业的发展。

2. 敢于冒险

冒险是创业精神的天性。在创新的过程中创业者不可避免地要遇到挑战并承担风险，所以创新精神的内涵中必然包括承担风险和挑战不确定性的冒险精神。无数创业者的经历证明，创业者虽然生长环境、成长背景和创业机缘各不相同，但无一例外都是在诸多不确定性因素的条件下，敢为人先，勇于创新。

哈佛大学商学院的教授史蒂文·森说："创新者的精神就是对未来愿景的热爱，而无视当下资源的约束。"可见，创业者并非盲目乐观，他们清醒地认识到困难，但仍然勇敢地迈出创业的步伐。《中国经营报》曾采访方正集团董事长魏新，记者问他："你倡导企业家的冒险精神，对于方正这么大规模的企业，你是如何让自己始终保持进取精神的？又怎么保证适当的冒险而不会对企业造成很大的冲击？"魏新回答道："方正是一家以持续创新为价值导向的企业，这也是企业发展的驱动力，我们一直鼓励创新，但所有的创新都是有风险的。做企业的人都要知道先苦后甜的道理，我们不去冒险开拓，就拿不出只属于自己的本领。所以有些时候冒险是不可避免的，如当初方正如果不顶着压力，走'专业化基础上的有限多元化'的道路，就不会有现在的拥有五大产业集团的投资控股集团。另外，方正是北大创办的企业，继承了北大人'敢为天下先'的精神，我们对推动国家发展有不可推卸的责任。"从他的回答中可以看出，是创业者的使命感和责任感推动着他们去冒险进取。

3. 团结协作

合作是创业精神的精华。社会发展到今天，行业分工越来越细，没有谁能够独自完成创业需要的所有事情，创业者即便具备单枪匹马成就一番事业的能力，也要团结各种有利于成功的力量，才会增加成功的概率。在创业精神中，个人英雄主义并不能成为主导力量，而团队意识、合作精神才是价值核心。正所谓"三个臭皮匠赛过诸葛亮"，将不同的人组合到一起，开发其各自的优势资源从而达到利益最大化的合作过程，就是创业精神的一个重要体现。创业者只有放下身段，学会尊重、欣赏和信任别人，才能团结周围的力量。

传奇企业家史玉柱，曾经历"脑黄金"的辉煌，也曾经历巨人大厦的崩塌。当他凭借"脑白金"实现王者归来，总结自己东山再起的原因时，他表示一个原因是这些年他经受的挫折和教训；另外就是核心团队，能和他一样去拼杀的团队。他身边的几个骨干，在最困难的日子里，好几年没有工资，但一直追随他，还陪伴他爬上了珠峰。从史玉柱的经验总结不难看出，虽然他是一位商业天才，其营销策略堪称教科书，但依然需要团队成员的支持与配合，才能获得创业的成功。

4. 坚持不懈

执着坚韧是创业精神的本色。每个人都有梦想，但是能够坚持下来，实现梦的人却是寥寥无几。创业的过程必然伴随着各种艰辛和曲折，因此创业者必须有坚持不懈、坚韧不拔的意志品质。创业实践表明，往往只有偏执者才能在创业中生存下来。

马云有句名言："今天很残酷，明天更残酷，后天很美好，但绝大多数人死在明天晚上。"他所表达的正是创业过程中坚持的重要性。从1994年创办海博翻译社到1995年推广中国黄页，从四处奔走到建立阿里巴巴到如今成为亚洲首富，马云只要认准的事，都会坚持下去。他曾对下属说："为什么我的座右铭是'永不放弃'？因为这世界上最大的失败就是放弃，放弃其实是最容易的。所以我想讲的是，活着就是胜利。这个世界上最痛苦的是坚持，而最快乐的也是坚持。"有人问他成功的原因，他回答道："很多人比我们聪明，很多人比我们努力，为什么我们成功了？难道是我们拥有了财富，而别人没有？当然不是。一个重要的原因是我们坚持下来了。"

（三）激发创业精神的方法

创业精神不是自发产生的，也不可能在一朝一夕之间出现，大学生创业者需要在日常的生活、学习、实践中有意识地培养。外部环境的触发固然重要，大学生创业者自己内心的火花也不可或缺。当前全社会都在大力塑造大学生创业的良好氛围，也提供了很多好的机会和政策。但大学生如果不看不听，不积极参与其中，也不去感受和思考，创业的精神和决心就无法产生。

1. 树立创业理想，坚定创业信念

创业理想是指在创业过程中坚持一种奋斗的精神，在创业活动中对创业具有的基本认识及追求。罗曼·罗兰曾说："一种理想就是一种力量。"理想，是人类心灵世界的核心，理想信念对人生起着指导作用。创业是一项极具挑战性的事情，不仅要有智慧、能力、气魄等基本的创业素质，还需要有足够的社会责任感和爱国情怀。大学生投身创业大潮，绝不仅仅为了实现个人的目标，更是响应时代召唤、担负起国家和民族的使命，用实际行动践行中国梦。创业理想和创业信念是大学生创业者的精神支柱：拥有了创业理想，就有了创业的目标指向；坚信理想终将实现，就能鼓足勇气面对逆境与挫折。因此创业理想和创业信念是大学生创业者的精神支柱。

2. 站在巨人的肩膀上，感受前人的创业精神

精神与物质相比，它有承续性、超越性、广泛性、不可磨灭性等特点，即某一精神产品可以代代相承，可以为不同的人群使用，可以用于不同的领域，不仅不被磨损而且可以发扬光大。对大学生创业者而言，他人的创业行为和成长就是一笔宝贵的财富，因为成功创业者身上具有一些共同的精神品质特征。现实中那些站在巅峰的企业家，都历经艰难险阻，从决定创业的那一刻起，就走上了攻坚克难的道路。大学生可以从创业成功的案例中吸取宝贵的经验和教训，从而构建包括创业意识、创业观念、创业责任、创业态度、创业激情和创业思维等要素在内的创业精神体系。

那么，如何感受到企业家的创业精神？阅读企业家的传记、观看企业家努力拼搏的影视作品、观看企业家访谈节目、阅读企业家事迹的报道、进行企业家访谈等都是有效的方法。例如，2020年的新冠肺炎疫情让武汉成为全球关注的中心，新闻媒体报道了Today便利店创始人宋迎春的感人事迹。Today便利店总部位于武汉，在疫情期间，宋迎春与同事们一起守护公司、服务城市。他们一家一家点亮关闭的便利店，给周边百姓提供日用品和鲜食，还给医护人员免费送了120万份热饭热菜。宋迎春说："每天睡不着觉，担心同事，担心家人，担心武汉。"但他非常确定自己的选择，"无论如何，我自己要先回到武汉，回到一线，跟同事一起把店开出来"。相信看了这样的故事，大学生会被这种迎难而上的勇气和百战不殆的韧劲感动，自然而然迸发出"后浪"的激情。

3. 投身行动，让精神与行为交融

创业精神是一些高度行为特征的集合，作为行为特征需要在行为的反复强化中形成。任何实践活动以及与创业相关的实训活动都需要参与者付出实际行动来完成。良好创业精神品质的形成不能停留在口头，积极的实践既能带来及时的反馈和成就感，也能带来节节成功的喜悦。切切实实地投入创业实践中去，有利于磨炼出坚强的创业心理品质。

二、增长创业能力

创业需要梦想作为动力，更需要能力作为保障。创业能力是大学生创业能否成功的重要影响因素。创业能力与一般能力不同，它具有高度的综合性、强烈的实践性、突出的创造性和鲜明的独特性。大学生创业者由于天赋、学习经历、生活背景的不同，拥有的创业能力也会存在差异。但创业能力具有可塑性，它是在理论学习和实践积累的基础上形成、发展和提高的。

（一）充足的知识储备

在竞争日益激烈、供过于求的今天，现实的创业环境决定了创业者只在某个领域强是不够的。创业者要进行创造性思维，要作为正确决策，必须掌握广博的知识，具有一专多能的知识结构。所谓合理的知识结构，就是要具备专业知识、经济管理知识、创业创新知识、人文修养、沟通技巧等各种技能。纵观各个领域成功的创业者，有哪一个不是多面手？而大学生应该如何向他们看齐呢？

首先，要有主导性的专业，创业者通过系统的学习，深入掌握该专业的知识。专业知识的熟练掌握将影响到之后创新创业的方向与难易程度。在主导专业扎实的基础上，本着"技多不压身"的原则，大学生可以通过辅修专业和在线自主学习掌握其他专业知识，为创业道路提供更多的可能性。难以想象，创业者如果对产品的技术指标、生产流程、服务标准等缺乏了解，该如何进行产品开发、定价，又如何展开竞争。以比亚迪实业有限公司为例，企业成立之初，钻研电池技术多年的王传福凭借其专业知识，把目光投向技术含量最高、利润最丰厚的电池核心部件——电芯的生产，并且摒弃了当时主流的全自动生产方式，用流程分解、人工代替机器的方式大大降低了成本，生产出质量可靠、价格低廉的产品，构筑了竞争优势。

其次，要有经济管理方面的知识。大学生创业者必须是优秀的管理者，经济管理素质是时代发展赋予创业者必须具备的基本素质之一。尤其在知识高度综合化、集成化的时代，创业者的经济管理素质和能力就显得尤为重要。它至少应包括以下几个方面：一是经济意识，要在资源有限的情况下，衡量投入与产出，计算经济效益；二是市场观念和竞争意识，对自己要创业的行业有全面了解，能够清晰地划出这个行业的产业价值链，同时了解竞争格局，清楚自己在竞争中的优势和劣势；三是企业管理的知识，熟悉管理学基本原理，清楚企业各个职能部门的分工，学会战略规划、整合资源、组织实施、知人善用、协调沟通。

再次，要有创新创业方面的知识。关于创新和创业，学界已有较为丰富的研究，形成了相对成熟的理论框架。创业者通过学习能获得理论指导，学会敏锐地识别商业机会，合理地撰写商业计划书，科学地构建创业团队，完美地进行融资路演等。

最后，要尽量拓展知识面。在一个产业融合的时代，跨界产品和服务常常因为突破了原先的框架，更有效率地满足了消费者需求，从而获得市场青睐。因此，创业者应该博览群书，拥有广博的知识储备。除了上述知识之外，还应具备有关历史、政治、地理、法律、艺术、科学等方面的知识。

拓展材料：

创业者应具备四维知识结构

节选于《中国教育报》2013年11月7日第3版

记者：您认为创业者应该具备怎样的素质？如何将技术创新者培养成创业者？

成思危：我觉得作为一个创业者，第一，要有创新的思想，有新的创意和点子；第二，要有脚踏实地的精神，不能眼高手低夸夸其谈；第三，要善于处理人际关系，交往能力较强；第四，要不怕失败，有百折不挠的精神和较强的心理承受能力。在高校里，有很多学生属于创新型人才，如何把他们培养成创业者？我认为关键是要提高自身素质。作为创新型人才，很可能是一种偏才，但是作为创业者，就不能是偏才，不能像陈景润那样仅仅知道"1+1=2"。创业者必须是一个通才，应当具有四维的知识结构：一就是具有专业的深度，没有深度就不会有创新；还要有学科的广度，光懂得一个专业，没有相关学科的知识，就难以实现产品的商业化，因为产品的商业化不仅仅是一个技术问题，还牵涉周边有关的一些知识；另外还要有哲学的高度，看问题还要有长远的眼光，不能鼠目寸光，也不能斤斤计较于一时一事的成败。我几年前到杭州时听说，他们那边搞房地产最成功的是历史系而不是管理系的毕业生。我想这可能有其内在的道理，因为历史系的毕业生往往是从大局观看问题，而管理系的毕业生有可能看得很细，从而忽略了大局，这就是不同的高度和远见。四维知识结构就是三个空间维再加上一个时间维，我希望青年学子努力具备这样的知识结构，当然要做到并不容易，而且也不是在课堂上听听课就能掌握的，需要在实践中锻炼和体会。

（二）丰富的创业实践经验

知易行难，懂得了知识，不一定具备运用知识的技能。大学生创业者要实现知识到技能的转换，需要去实践中积累经验。大学生不是天生的创业者，应利用课余时间积极参与企业实习、勤工俭学等活动，了解各种职业特点和自己的能力，积累创业经验，增长创业才干，减少将来创业的盲目性。大学生还应积极参与校园内的各种创新创业活动，充分利用学校提供的平台，如参与创业社团、创业实训、模拟路演、创业大赛等活动，争取入驻大学生创业孵化园（基地），推动项目落地，在项目实施的过程中积累经验。笔者所接触的学生创业者中，不少是大一进入校园就开始参与科创活动，从项目的普通成员做起，渐渐地可以独当一面，到了高年级则能拉起团队做自己的项目。"纸上得来终觉浅，绝知此事要躬行"，大学生只有持续不断地实践才能提高创业能力。

（三）优秀的沟通能力

通用电气公司前总裁杰克·韦尔奇强调：管理是沟通、沟通、再沟通。所有的创业项目，要将创意落地并实现有序经营，最终都要依靠管理，而管理离不开沟通。大学生创业者面临着各种各样的沟通情境。在对外沟通上，大学生创业团队需要与政府部门、供应商、投资人、顾客等进行沟通，在对内沟通上，团队内部成员之间的协调沟通也必不可少。沟通是一种因人、因境、因时的需要而生的谈话艺术。大学生创业者应提高对沟通重要性的认识；主动学习沟通的理论和技巧，在沟通之前根据沟通对象、沟通目的、沟通主题等灵活判断；不断寻找机会磨炼自己的沟通技能，在实践中积累经验。优秀的沟通能力包括以下几个方面：

一是学会倾听。成功的沟通起于倾听，倾听是尊重对方表达权的基本修养，是营造和谐气氛、实现深度沟通和准确把握对方观点的前提条件。大学生要克服自以为是、自我中心、缺乏耐心的通病，学会专心地听、耐心地听、用心地听。

二是善于表达。大学生创业者要提高语言表达的逻辑性、准确性和艺术性，做到简洁明快、生动有趣。商务场合中的沟通常常受到时间限制，必须用最简洁有力的表达实现有效沟通，冗长、词不达意、缺乏逻辑的表达会错失良机。在表达中还应注意克制情绪，遵循礼仪规范，少抱怨、不攻击、避免使用破坏性的言辞。

三是善于共情。大学生创业者要懂得换位思考，学会站在对方的角度领悟意图、需求、心情，及时给予共鸣和反馈，通过非语言因素和语言因素的有机结合，塑造沟通的良好氛围。在处理人际冲突时，能正视自己的不足，勇于承认错误，用求同存异的态度来获得共识。

三、培养健康的身心素质

世界卫生组织提出，健康是一种生理、心理与社会适应都臻于完满的状态，而不仅仅是一种没有疾病和不虚弱的状态。健康是身体健康与心理健康的统一，两者相互联系、密不可分。当身体产生疾病时，其心理也必然受到影响，如产生情绪低落，焦躁不安、容易发怒，进而导致心理不适；同样，那些长期心情抑郁、精神负担重、焦虑的人也易产生身体不适。因此，健全的心理有赖于健康的身体，而健康的身体有赖于健全的心理，两者相辅相成。

创业是烦琐、复杂的一项工作，创业者需要统筹一切，身兼多职，异常繁忙。大学生创业者年轻、充满创业激情，在创业之初常常铆足了劲工作不知疲惫，但创业是场"持久战"，长此以往，就会出现健康问题。大学生创业者长期的体力透支，过度疲劳，加上饮食没有规律，颈椎病、胃溃疡、偏头痛等症状悄然而至。在心理上，精神压力大会带来神经衰弱、失眠等问题，甚至会产生心理疾病。而无论是身体健康还是心理健康出了问题，创业项目都可能停摆。移动医疗企业春雨医生创始人张锐因突发心肌梗死而离世，任正非、徐小平、张朝阳等知名企业家都曾受困于抑郁症，前辈的这些"惨痛"的经历，为大学生们敲响了警钟，提醒创业者要时刻关注身心健康。

（一）健康的心理素质

创业心理素质是指在创业过程中对主体起动力作用的个性心理特征，是个人创业素质的基础，包括创业者的性格气质、情感、自我意识等要素。创业实践活动需要大学生具备良好的创业心理素质，它是创业实践活动成功实施的核心保障。这些素质往往以个人先天禀赋为基础，在后天环境和教育的影响下慢慢形成并发展。作为创业者，大学生应该有意识地培养适合创业的心理素质。

1. 良好的认知能力

认知能力主要表现在听觉、视觉、触觉和智力正常。智力主要包括记忆力、注意力、观察力、想象力、创造力等。大学生的智力总体水平比较高，创业过程中主要看是否能够充分发挥各项认知能力的效能，如保持强烈的求知欲，乐于学习和探索，有敏锐的判断力，能协调发挥各项智力因素应用于实践。

2. 坚强的意志

心理学上的意志是指人在完成一种有目的的活动时，所进行的选择、决定与执行的心理过程，坚强意志意味着在自觉性、果断性、顽强性和自制力等方面都表现出较高水平。创业的道路充满风险，任何一家创业公司在成功之前都可能经历无数次的困境、危机。对大学生创业者而言，只有坚定目标，具有顽强的毅力，有良好的承受力和克服困难的勇气，才能顶住种种压力和干扰，争取创业的最终成功。

3. 强烈的进取心

进取心是指不满足于现状，坚持不懈地向新的目标追求的蓬勃向上的心理状态。正如鲁迅先生所说："不满是向上的车轮。"具有进取心的人，渴望有所建树，争取更大更好的发展，勇于竞争，追求卓越。对于创业者而言，只有积极进取，才能激发自身的潜能，抓住良机，跟上时代的步伐。"商场如战场"，只有勇往直前，永不满足的人，才能不断走向新的成功。

4. 稳定的情绪

情绪是人的需要得到满足与否的反应，是人对事物的态度体验。情绪健康稳定的主要表现是：自信，充满希望，乐观开朗，心情愉快。大学生创业者应能较好地控制和调节自己的情绪，在不同的场合能恰如其分地表达自己的情绪，既能做到约束控制情绪，又能适度地宣泄情绪。同时，大学生创业者还要学会感受和识别他人的情绪，懂得共情之道。

5. 良好的社会适应力

创业的实施需要大学生能与社会保持良好的接触，能正确地认识社会现状，能跟上时代发展的步伐，能符合社会发展的要求。当自己的需求和理想与实际情况发生矛盾时，能主动地进行自我调节并做出相应的改变，而不是回避现实或者采取反人类的行为。创业的成功还离不开良好的人际网络，大学生创业者应乐于与人交往，既有广泛而深厚的人际关系，又有知心朋友；在交往中保持独立而完整的人格，有自知之明，不卑不亢；能客观评价别人和自己，能学习、赞美别人的优点和长处，能指出别人的缺点并给予帮助，严于律己，宽以待人，与他人融洽相处。

（二）健康的身体素质

健康是人生的第一财富，健康的身体是大学生成功创业的基础。如果没有健康，知识就无法利用，智慧也难以表现。周恩来同志曾说过："只有身体好才能学习好、工作好，才能均衡地发展"。健康的一般性定义是没有疾病，然而创业过程艰苦又复杂，对身体素质的要求更高，创业者只有精力充沛、体魄强健才能胜任创业工作。

大学生创业者提高身体素质可以从三个方面着手。第一，要保证充足的睡眠，让自己精神饱满。很多大学生创业者将"忙"挂在嘴边，每天忙忙碌碌，经常熬夜，长此以往身体日渐虚弱。可是，真的有那么忙吗？如果计算一下每天被手游、即时通讯工具、娱乐新闻、爆笑短视频占据的时间，大学生们会发现自己的时间被手机碎片化了，并且无论立下多少"Flag"，只要临睡前玩手机，不知不觉就又过了12点才睡。远离手机、戒除不必要的娱乐，将节约大量的时间，减少熬夜的频率。第二，要保证饮食规律，让自己营养均衡。不管事情多忙多急，大学生创业者都要准时吃饭，不能忙起来就忘记吃饭，闲下来又暴饮暴食，饥一顿饱一顿没有规律会损害身体健康。在饮食结构上，还要注意营养均衡，有的大学生创业者把奶茶当饭吃，有的则为了减肥吃代餐保健品，这些都不可取。第三，要坚持锻炼身体。体育锻炼是提高身体素质最主要的方法，它不仅能够改变形体，还能够改善身体机理。大学时期是机体体能发展的高峰时期，大学生创业者应该提高对体育锻炼的重视程度，制订长期体育锻炼计划，不断提高体能水平。

本章参考文献

[1] 李家华. 创业基础（第2版）[M]. 北京：清华大学出版社，2015.

[2] 郑彦云. 大学生创新创业能力培养 [M]. 广州：暨南大学出版社，2017.

[3] 张胜前. 大学生创业指导 [M]. 北京：国防工业出版社，2010.

［4］丁忠明．大学生创业启程（第2版）［M］．北京：机械工业出版社，2018．

［5］李丽娜．互联网背景下的大学生创业基础与实践指导［M］．北京：新华出版社，2017．

［6］李肖鸣，朱建新．大学生创业基础（第2版）［M］．北京：清华大学出版社，2013．

［7］李胜文，陈穗文．以实践精神培育为导向的现代大学生创业教育［J］．经济研究导刊，2019（28）：179－180，191．

［8］纪德尚．高校大学生创业就业能力素质建设［M］．北京：经济管理出版社，2018．

［9］陈畴镛，方巍．知识经济时代理工科大学生经济管理素质的培养［J］．杭州电子工业学院学报（高等教育研究版），2000（2）：46－48．

［10］谢菁莲．经济管理专业知识在大学生创业中的应用［J］．现代交际，2014（7）：222．

第六章 创业机会与识别

创业始于机会,相对于大量以组织成长作为创业过程核心线索的研究,越来越多的研究者意识到,创业过程就是对创业机会的识别、评判与运用的过程。但创业机会是很难识别的,大多数人极少能看到创业机会,往往在看到机会时,"它已经不再是机会了"。创业机会的质量和创新对于新创企业的生存和发展具有关键性作用,也影响创业活动为创业者和社会带来的经济与社会价值,甚至影响生活方式变革和社会进步。因此,对于创业者而言,能否成功把握和利用创业机会,成为企业能否成功发展的重要因素。

一、创业机会概述

对于创业者,尤其是大学生创业者来说,成功创业的第一步,便是懂得何为创业。"现代管理学之父"德鲁克曾将创业者定义为:"能寻找变化并积极反应,把它当作机会充分利用的人",这说明机会源自变化。著名实业家李嘉诚也说过:"一个新生事物出现,只有5%的人知道时赶紧做,这就是机会,做早就是先机;当50%的人知道时,你做个消费者就行了;当超过50%时,你看都不用去看了!"可见,抓住机遇、把握趋势,是成功的前提。那么,究竟什么是创业机会,又该如何把握创业机会呢?

(一)创业机会的定义

机会,即指通过创造性地组合资源、传递更高价值,以满足市场需要的可能性。机会也是一个过程,是一个从开始时未成型但随着时间的推移变得成熟的过程。从市场角度看,创业机会是指有吸引力的、较为持久的和适时的一种商务活动的空间，并最终表现在能够为消费者或客户创造价值或增加价值的产品或服务之中，从创业者的角度看，创业机会本质上是未被满足的需求，同时这种需求有被满足的可能，可以视为市场需求和企业家精神的一个交集，是企业家所能识别的有效需求。

创业机会和商业机会常常被混用，但其实两者存在区别。奥地利经济学派认为两者的根本差别在于对经济利润的创造能力，创业机会具有创造超额经济利润的潜力，强调独有的价值或者利润创造，具有创新性、变革性，而其他商业机会只可能改观现有商业水平。根据纽约大学教授柯兹纳的观点，创业机会是未明确市场需求或未充分使用的资源或能力，它不同于有利可图的商业机会，其特点是发现甚至创造新的手段—目的。所谓的手段—目的理论，就是认为顾客在购买产品和服务时，其出发点是实现一定的价值，为了实现这一价值需要取得一定的利益，实现利益则需要购买一定的产品和服务，从而形成了一个手段—目的链。总结这两种观点可以看出，创业机会相较于商业机会，在变革商业模式、开发新的资源、获取额外利润等方面被赋予更高的期待。

（二）创业机会的特征

1. 客观性与必然性

创业机会是客观的，它不随人的意志而转移，客观存在于市场环境中。很多大学生在寻找创业机会时，会感叹好机会都被别人先发现，没有新的切入点。这种观念是错误的，真实商业环境中的创业机会无穷无尽，凡是有市场、有商业流通的地方，客观上就存在创业机会。创业机会普遍存在于各种经营过程中。随着新技术的发展、产品的迭代和消费者需求的变化，新的市场机必然不断涌现，缺乏的是发现它们的慧眼。大学生创业者必须坚定寻找创业机会的决心，深入研究社会经济发展趋势，探索新技术运用的可能性，寻找消费者痛点，才能发现创业机会。

2. 偶然性与时效性

创业机会有偶然性，它并不是随时随地显现，可能只是"天时地利人和"塑造的特定情境下的产物。这意味着，创业机会具有很强的时效性，它存在于一定的时空范围之内，当客观条件变化时，创业机会可能就消失了。不仅如此，随着时间的推移，商业机会可能减弱、消失，甚至变为不利因素，创业者如果不能踩准节奏，可能就要面临创业失败的结果。俗话说,"机会不等人,机会总是留给有准备的人",因此要抓住转瞬即逝的机会,就要求创业者不断提高自身能力,并对外部环境保持商业警觉,这样当机会出现时,创业者才能抓得住。

3. 均等性和差异性

在一定范围内,创业机会对于所有创业者和企业是均等的,他们面对同样的需求、同样的市场环境、同样的市场容量。但不同的创业者和企业对创业机会的认识与利用却存在显著差异,创业者拥有不同的资源与能力,企业利用创业机会能创造的价值也各不相同。因此,创业机会能不能成为一个现实的机会,创业机会能不能获得有效的利用,归根到底取决于创业者和企业创造价值的能力。

(三) 创业机会的类型

1. 创业机会矩阵

Ardichvili 等(2003)利用价值创造能力和价值诉求两个维度来描绘创业机会,形成创业机会矩阵。横轴以机会的潜在价值为坐标,这一维度表示创业机会的潜在价值是否已明确,简而言之,这一维度用来判断外部创业机会的大小;纵轴表示创业者的价值创造能力,这一价值创造能力表示包括通常所指的人力资本、财务能力以及其他的一些有形和无形资源,它代表着创业者是否有能力有效利用开发这一机会,即从创业者自身考察创业的能力。按照这两个维度可以将创业机会划分成4类,如图6-1所示。

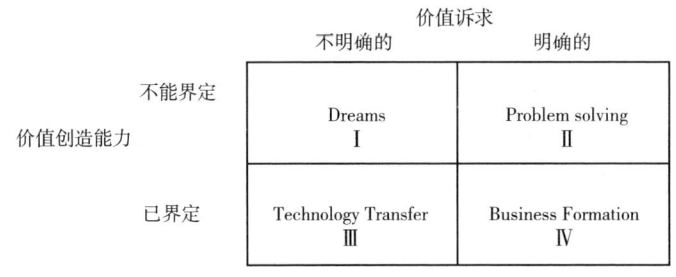

图6-1 创业机会分类

左上角第一象限的机会为"梦想(dreams)",这类机会目前价值不明确,创业者是否拥有利用机会的能力也不确定;右上角的第二象限的机会为"尚待解决的问题（problem solving）"，这类机会的潜在价值已经被确认，可惜创业者还不具备利用机会创造价值的能力；左下角的第三象限的机会为"技术转移（technology transfer）"，创业者创造价值的能力已经确定，但机会的价值未能被发现，创业者需要通过"技术转移"为该机会寻求合适的应用领域；右下角的第四象限下的机会为"业务形成（business formation）"，业务的潜在价值和创业者自身的能力都已经确定，显然，这个象限的机会是内外条件都具备的创业机会。对于大学生创业者而言，运用创业机会矩阵能较为客观、快捷地判断一个机会所在的象限，并据此决定是否开展创业行为。需要注意的是，并不是只有第四象限的创业机会才值得把握，在内外部环境处于动态变化的过程中，大学生创业者如果过于保守，非要"万事俱备"才付诸行动，就会错失很多市场机会。创业的风险客观存在，想规避所有风险是不切实际的，在外部环境价值和个人能力两个维度中，只要具备其中之一，就有了开展创业行动的基础。大学生创业者只要能客观评估自己的风险承受能力并开发风险预案，就要敢为人先，积极尝试。

2. 发现型机会和创造型机会

发现型机会的提出源自奥地利经济学派，认为机会是由市场供求关系的不均衡带来的，早期学者认为技术创新会破坏市场均衡而产生机会，之后研究发现市场经常存在供求关系的不均衡现象。由于创业警觉性的不同导致个体对信息的认知存在差异，因而只有一部分个体能够发现机会，即个体所感知和拥有的异质性信息使之可以识别其他人无法发现的机会，从而加以评估与利用。发现型该观点强调创业者对机会开发过程的重要作用，认为在开发机会之前创业者与非创业者具有差异性特征。然而大学生创业者也要清醒地认识到，机会不会凭空出现在脑海中，即便创业者拥有敏锐的触觉，也必须通过积极搜寻信息，努力思考解决问题的方案，才有辨别出机会的可能性。

创造型机会源自社会建构理论，学者们基于该理论提出机会依赖于创业者的认知，是社会建构的结果，由创业者通过创造性想象和社交能力与环境中主体互动而内生创造出来。创造型机会的提出被认为是对发现型机会的补充，即学者们认为发现型机会的观点忽略了创业者的创造性、主观性、社会互动以及个体情感等因素的作用。在创造型机会的概念中，机会并不是由客观环境决定，而是通过创业者与其他利益相关者在社会交互过程中逐渐构建的。

发现型机会和创造型机会最本质的区别在于对创业者作用的定位。前者认为创业机会来自客观市场，创业者要顺势而为，挖掘市场环境中的不均衡并转化为创业机会；后者则认为创业机会是创业者与市场互动的过程中共同创造的，创业者有主观能动性和创造性。

二、识别创业机会的过程

创业机会的识别是创业领域的关键问题，识别机会是创业者最重要的任务。对于大学生创业者而言，创造性地寻求机会是创业的起点。反复权衡机会的潜在价值及创业者自身的能力，逐渐明确创业机会的战略定位，这一过程称为机会的识别过程，同时也被称为机会的开发过程，或机会的规划过程。这一过程属于广义上的识别过程，可分为机会搜寻、机会识别和机会评价三个阶段，如图6-2所示。

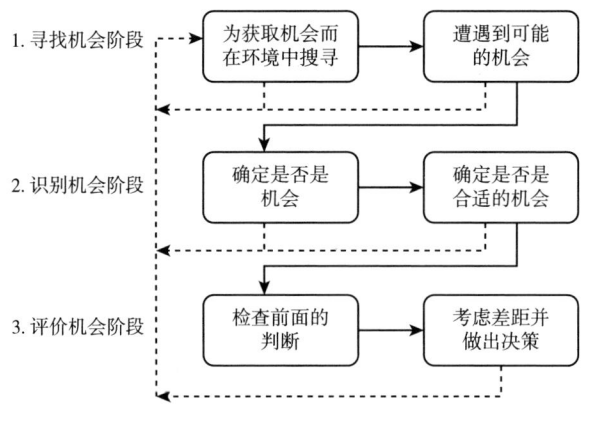

图6-2 创业机会识别三阶段

资料来源：Lindsay N. J, Justin Craig. A Framework for Understanding Opportunity Recognition [J]. The Journalof Private Equity，Winter2002：14.

（一）机会搜寻

认知学派认为创业机会是个体有意识地系统搜集、处理并识别信息价值的过程，并将创业机会发现归结为个体卓越的信息处理能力、搜寻技术或扫描行动。在机会搜寻阶段，创业者对整个经济系统中可能的创意进行搜寻，如果创业者意识到可能是创业机会，具有潜在的价值，且能够被开发利用，就会进入机会识别的下一个阶段。对于大学生创业者来说，常常受限于自己的知识结构和兴趣，在有限的信息源中进行创业机会搜索，眼界不够开阔。同时，大学生没有主动、系统搜寻信息的意识，习惯于接受大数据精准计算之下的信息推送。久而久之，大学生的信息来源收窄，原有思维不断被固化，这也就是为什么大学生创业最常见的都是以同龄人为目标顾客，如校园快递配送、二手教材交易APP、奶茶店、咖啡店、花店等。为了能跳出这些不断重复、缺乏创新的创业领域，大学生就必须拓宽视野，对外部信息进行结构化的处理，从宏观环境（经济、政治、法律、技术、社会、自然等）和微观环境（顾客、竞争对手、供应商等）两个方面考察宏观环境和行业环境。在指导大学生创业的过程中，学生们的普遍疑问是：环境信息浩如烟海，如何能穷尽所有信息。我们给有志于创业的大学生的建议是：不需要也不可能穷尽所有信息，大学生创业可以遵循以下几条建议进行信息的搜索。

1. 关注热点

热点就是在某个时候，能引起大家关注的事件、人物、话题、物品、地点等，如突发灾难事故、重大科技发明、热门赛事、企业丑闻、明星名人动态等，都可能成为热点。大学生通常在知乎热榜、百度热搜、新浪热搜、抖音等平台上发现热点。但是，很多大学生获取热点信息后，只当作放松娱乐，或者增加谈资，往往难以把热点和创业机会有效结合。要获得商机，首先，要对热点进行延伸式研究。"标题党"和"知道分子"只满足于只言片语的热词，缺乏深入探索，就会与机会失之交臂。大学生创业者应综合多种信息来源对热点问题进行多角度研究，考虑热点问题形成的原因和产生的结果，尤其要考虑可能出现的连锁效应。只有看到别人看不到的深度，才可能发现独特的商业机会。其次，大学生在搜寻信息时，应该将自己的专业、特长、兴趣和热点相结合，有意识地关注专业媒体、专业期刊的动态，参与专业展会，聆听权威、专家的讲座，而不是等着被推送热点新闻。毕竟每个人所能接受和处理的信息是有限的，把信息搜索的面变小，才能增加深度。最后，在关注热点时尤其要关注那些引起消费者热议，看上去让人烦恼的变化，恰恰就是消费者的痛点，存在创业的空间。案例6-1就是大学生创业者看到上海垃圾分类的新政策，在社会热议之中挖掘出消费者的痛点，尝试推出解决问题的产品和服务。

小案例 6-1

垃圾分类富有商机

（节选自中国日报 2019 年 11 月 28 日报道）

2019 年，上海市十五届人大二次会议表决通过《上海市生活垃圾管理条例》，规定个人混合投放垃圾，最高可罚 200 元；单位混装混运，最高则可罚 5 万元。该条例于 2019 年 7 月 1 日正式实施，被称为"史上最严垃圾分类条例"，一时间上海的垃圾分类成为全国的热点话题。市民们当然都理解垃圾分类的益处，但短期内要掌握各种分类细则，也的确让很多上海市民感到麻烦。创业者针对这种情况，发现了商机。

新型垃圾桶：为了垃圾分类，家庭和企业就要设置不同类别的垃圾桶。如果买来传统的垃圾桶一字排开，将很浪费空间。因为如果垃圾总量不变，分类后每个种类的垃圾量显然不需要原来那么大的垃圾桶。一些创业者由此设计了新型垃圾桶，在总容量不变或者略增的情况下，增加几个分隔，就能满足垃圾分类的要求了。就目前中国的制造水平而言，这样的垃圾桶生产并无难度。与此相应的，与垃圾桶配套的垃圾袋也需要变小和分类，这又是一个商机。

代扔垃圾服务：有些人很忙，没空进行细致的垃圾分类又不想违反垃圾分类条例。代扔垃圾的服务应运而生，通过小程序就可以付费购买代扔服务，还可以包月、包年。

智能垃圾箱：居民小区的垃圾分类督导员数量有限，无法全天在岗，有时候还会和不愿意分类的居民产生冲突，因此有的企业开发了无人看守又能起监督作用的智能垃圾桶。小区引入了这样的产品后，居民用积分卡扫码分类投放垃圾，赚取的积分可以兑换礼品，避免了人员冲突。

与垃圾分类相关的创业项目远不止于此。据统计，截至 2019 年 9 月 6 日共有 6948 家新成立的垃圾分类相关企业登记注册，其中仅广东省就有 837 家，可见垃圾分类带来商机无限。

2. 关注变化

如果说锁定特定行业、产品或者区域，要面对的信息依然太多的话，则可以继续缩小搜索的范围，重点关注变化。变化就是机会，创业机会常常在变化中孕育。美国凯斯西储大学谢恩教授提出的产生创业机会的四种变革比较有代表性，分别是技术变革、政治和制度变革、社会和人口结构变革以及产业结构变革。技术改变带来的创业机会最为直接。例如，近年来，大数据、互联网、人工智能等技术的发展催生了无数新的产品和商业模式。共享单车、网约车、无人银行、电子支付、云会议、线上课堂等新产品和服务极大地改变了人们生活和学习的方式。政治和制度变革涉及经济和社会发展的方方面面，不仅造就创业的大环境，也给创业带来机遇。近年来，促进非公经济发展、鼓励创新创业的政策就让大学生们拥有了更多创业机会。社会和人口结构变革既体现了消费者端的改变，也决定了创业项目选择的方向。以我国为例，趋于老龄化的人口结构让"银发市场"成为创业的重要方向，而二孩政策的放开让教育、医疗、母婴用品的创业机会层出不穷。产业结构变革则是从供给端反映了市场的变化，产业结构升级、大力发展高端服务业是目前中国产业结构的变化趋势，对于大学生创业者来说，就要顺应趋势，在趋势中寻找商机。

3. 获取一手信息

当前是一个信息爆炸的时代，二手信息非常丰富，网络成为大学生们获取信息的主要来源。然而，二手信息未必及时和准确，应适时地进行调研来获取一手信息。眼见为实，第一种获取一手信息的方法是走出校园来到现场，观察、记录市场的实际信息。例如，想开奶茶店的创业者，就可以找不同地点、不同档次的奶茶店进行观测，计算每小时的平均人流量，观察最受欢迎的产品种类，预测平均每单的销售额，预测外卖和堂食比例……这样的观察和记录对于大学生们来说没有技术难度，只是很多大学生过于依赖二手信息，缺乏现场调研的意识。第二种获得一手信息的方法是走访顾客、从业者、政府主管部门等，通过访谈深入了解各方的需求和想法。访谈的具体方式有很多，包括在商业区进行消费者随机街访、用电话进行消费者询问、拜会政策制定者、在会议室举行消费者焦点小组座谈等。无论形式如何，都需要事先做好访谈准备，列出访谈提纲，凝练访谈中要提出的问题，否则访谈变成闲聊，无法实现获取信息的目的。第三种获取一手信息的方法是进行问卷调查，通过向目标消费者发放问卷，了解他们对产品的态度、心理价格、购买习惯、忠诚度等信息。问卷调查是现在最为普遍的市场调查方法，其难点在于问卷设计和样本选择。大学生创业者目前在问卷设计上往往过于随意，不了解问卷的结构，更不清楚问题之间的内在逻辑，这样做出来的问卷在后期统计和分析时很容易出现问题。另一个难点是样本选择，大学生创业者大部分通过朋友圈转发电子问卷，看上去收集上来的问卷数量不菲，但是样本基本都集中在20～24岁的大学生群体。除非产品和服务的确以在校大学生群体为目标消费者，否则这样的问卷就不具备代表性。因此，为了能有效获取一手信息，大学生创业者有必要学习市场调查的相关理论和方法。

（二）机会识别

第二阶段相对于整体的机会识别过程，属于狭义上的机会识别，即从创意中筛选合适的机会。在这一阶段，创业者首先是从整个商业环境、行业发展的角度，判断该机会是否具有商业价值；其次是从创业者与投资者自身的角度，判断是否属于有利的商业机会。机会的有效识别要满足两个前提条件：其一，要能够发现价值，即获取高价值的商业信息。只有存在潜在的商业价值，机会才有进一步开发与利用的可能性。对价值的发现能力往往与信息的来源渠道、个人信息获得偏好有关。其二，要能够分析价值，即分析出商业信息的价值所在并做出准确的判断与决策。大部分价值往往无法直接判断，因此创业者个人或者团队的智力结构、之前积累的经验、创新思维能力、对风险的偏好、敏锐的商业洞察力等都会影响价值分析的结果。这两个前提条件缺一不可，没有发现价值的能力，就会错失良机，没有价值分析的能力，即便发现了商机，也无法对信息进行处理与利用。

对于影响机会识别的因素已有很多研究结果，大部分结论认为创业者自身的因素对机会识别影响最大，主要影响因素如下：

1. 创业者的知识与经验

"知识与经验"既包括创业者对于过去实践经历的总结与教训，也涵盖了创业者之前所接受的理论教育。在特定产业中的先前经验有助于创业者识别出创业机会，这被称为走廊理论。创业者因为有过往的经验，当他们开启创业之路时，与那些不拥有相关经验和知识的人相比，能够更清晰地看见走廊里的各种机遇与门路。对于缺乏实践经验的大学生，通过在特定领域持续学习，知识存量越多，越会更容易发现并把握该领域内的创业机会。尤其对于理工科、技术类的创业者来说，丰富的知识背景让他们能快速意识到新技术的应用价值。

2. 创业者的警觉性

机会的识别可能是一项先天技能或认知过程，相对于普遍的非创业者来说，创业者似乎有着"第六感"，总能在机会中发现他人忽略的潜在商业价值。多数创业者也认为，自己比他人更加"警觉"。警觉性是创业者将自己置于信息流中的能力，以便在没有刻意寻找特定机会的情况下将遇到机会的可能性最大化。

3. 创业者风险倾向

风险倾向是创业者在创业过程中的冒险倾向。创业者本身就有风险承担者的意思，许多学者认为创业者比其他人更具风险倾向。对于一个具有高风险倾向的创业者来说，更容易识别和衡量积极的成果，从而高估商业机会的价值，做出创建企业、抓住机会的决定。相反，风险厌恶决策者会高估负面结果，不愿意面对高度不确定的经营环境。对于大学生创业者而言，在创业之初选择风险较低的项目是较为明智的。

4. 创业者的社会网络

社会网络是指创业者嵌入社会结构中所形成的多层次人际关系网络，包括政府、金融机构、高校、支持机构、商业合作伙伴、朋友、家庭、同事等。创业者的社会网络在创业者的创业过程中扮演着重要的角色，它为创业者带来重要的信息与线索，个人社会关系的广度和深度也影响着机会识别。有意思的是，研究发现弱关系纽带（如偶遇）带来的信息，并不逊色于强关系纽带（包括朋友和家庭），即偶然接触比起亲密的朋友更有可能获得独一无二的信息。因此，拥有广泛社会网络的创业者，在人际交往中能将不同的信息传播渠道交织在一起，与单打独斗、社交活动少的创业者相比，更容易获取商业信息并发现商业机会。

5. 创业者的"反事实"思维

通常认为，创业者具有创新性思维，他们不拘泥于规则，主动激发出一种扩散性思维。这是因为在创业活动中，创业者形成了一系列独特的思维方式，反事实思维就属于其中的一种。反事实思维作为一种思维方式是指通过对已发生事实的否认进而想象另一种可能发生但实际并未发生的结果。已有的研究表明，创业者相对于非创业者会有更多的反事实思维，这使创业者不被已有的经验，尤其失败的经验所束缚，对开创新的市场机遇更乐观。

（三）机会的评价

发现了机会不等于获得成功，创业者只有明确机会的产出价值能够弥补其投入的成本，才有意愿进一步付出。在机会评价阶段，创业者通过考察量化（如潜在的市场规模、预计的市场增长率等）和非量化指标（团队契合度、资本退出机制等）决定是否组建企业、吸引投资、实施创业。为了对创业机会产品进行客观评价,可以借鉴已有研究的结果。

1. 机会评价框

Timmons(1999)提出了一个包含 8 个一级指标、55 个二级指标的创业机会评价体系,它包括其他理论所涉及的指标,是目前最全面的创业机会评价的指标体系,表 6-1 为 Timmons 框架的主要内容。

表 6-1　　　　　　　　　　Timmons 机会评价框架

行业与市场	1. 市场容易识别,可以带来持续收入 2. 顾客可以接受产品或服务,愿意为此付费 3. 产品的附加值高 4. 产品对市场影响力高 5. 将要开发的产品生命力强 6. 项目所在的行业是新兴行业,竞争不完善 7. 市场规模大,销售潜力达到 1000 万~10 亿元 8. 市场成长率在 30%~50%,甚至更高 9. 现有厂商的生产能力几乎饱和 10. 在五年内能占据市场领导地位,达到 20% 以上 11. 拥有低成本的供应商,具有成本优势
经济因素	1. 达到经济平衡点所需要的时间在 1.5~2 年以下 2. 盈亏平衡点不会逐渐提高 3. 投资回报率在 25% 以上 4. 项目对资金的要求不是很大,能够获得融资 5. 销售额的年增长率高于 15% 6. 有良好的现金流量,能占到销售额的 20%~30% 以上 7. 能获得持久的毛利,毛利率要达到 40% 以上 8. 能获得持久的税后利润,税后利润率要超过 10% 9. 资产集中程度低 10. 运营资金不多,需求量是逐渐增加的 11. 研究开发工作对资金的要求不高
收获条件	1. 项目带来的附加价值具有较高的战略意义 2. 存在现有的或可预料的退出方式 3. 资本市场环境有利,可以实现资本的流动
竞争优势	1. 固定成本和可变成本低 2. 对成本、价格和销售的控制较高 3. 已经获得或可以获得对专利所有权的保护 4. 竞争对手尚未觉醒,竞争较弱 5. 拥有专利或具有某种独占性 6. 拥有发展良好的网络关系,容易获得合同 7. 拥有杰出的关键人员和管理团队

续表

管理团队	1. 创业者团队是一个优秀管理者的组合 2. 行业和技术经验达到了本行业内的最高水平 3. 管理团队的真正廉洁程度能达到最高水准 4. 管理团队知道自身缺乏哪方面的知识
致命缺陷问题	不存在任何致命问题
个人标准	1. 个人目标与创业活动相结合 2. 创业家可以做到有限的风险下实现成功 3. 创业家能接受薪水减少的损失 4. 创业家渴望进行创业这种生活方式，而不只是未来赚大钱 5. 创业家可以承受适当的风险 6. 创业家在压力下状态依然良好
理想与现实的战略差异	1. 理想与现实情况相吻合 2. 管理团队已经是最好的 3. 在客户服务管理方面有很好的服务理念 4. 所创办的事业顺应时代潮流 5. 所采取的技术具有突破性，不存在许多替代品或竞争对手 6. 始终在寻找新的机会 7. 定价与市场领先者几乎持平 8. 能够获得销售渠道，或已经拥有现成的网络 9. 能够允许失败

资料来源：杰弗里·蒂蒙斯. 战略与商业机会 [M]. 周伟民，田颖枝译. 北京，华夏出版社，2002.

2. 资深管理者指标序列和一般管理者指标序列

清华大学姜彦福教授在 Timmons 研究的基础上，结合国内创业情况，通过问卷调查的方法对中国资深创业者和一般管理者进行比较研究，提出适合资深创业者进行非正式评价或投资人在进行尽职调查前快速评估创业机会的 10 项指标序列，以及一般管理者认为重要的 8 项指标，如表 6-2 和表 6-3 所示。

表 6-2　　　　　　　　　资深创业者重要指标序列

指标大类	具体指标
管理团队	创业者团队是一个优秀管理者的结合
竞争优势	拥有优秀的员工和管理团队
行业与市场	顾客愿意接受该产品或服务
致命缺陷	不存在任何致命缺陷
个人标准	创业家在承担压力的状态下心态良好
收获条件	机会带来的附加价值具有较高的战略意义

续表

指标大类	具体指标
管理团队	行业和技术经验达到了本行业内的最高水平
经济因素	能获得持久的税后利润，税后利润率要超过10%
竞争优势	固定成本和可变成本低
个人标准	个人目标与创业活动相符合

表6-3　　　　　　　　　一般管理者的重要指标序列

指标大类	具体指标
竞争优势	拥有优秀的员工和管理团队
行业和市场	顾客愿意接受该产品或服务
管理团队	创业者团队是一个优秀管理者的组合
个人标准	个人目标与创业活动相符合
战略性差异	在客户服务管理方面有先进的服务理念
致命缺陷	不存在任何致命缺陷
个人标准	创业家在承担压力的状态下心态良好
战略性差异	始终在寻找新的机会

资料来源：姜彦福，邱琼．创业机会评价重要指标序列的实证研究．

3. 市场与回报评价框架

台湾中山大学教授刘常勇提出的评价体系较为简洁，主要着眼点为市场与回报的分析。因为评估项目少，更易操作，对于大学生创业者更为适用，如表6-4所示。

表6-4　　　　　　　　　刘常勇机会评价框架

市场评价	1. 是否具有市场定位，专注于具体顾客需求，能为顾客带来新的价值 2. 依据波特的五力模型进行创业机会的市场结构评分 3. 分析创业机会所面临市场的规模大小 4. 评价创业机会的市场渗透力 5. 预测可能取得的市场占有率 6. 分析产品成本结构
回报评价	1. 税后利润至少高于5% 2. 达到盈亏平衡的时间应该低于2年 3. 投资回报率应高于25% 4. 资本需求量较低 5. 毛利率应该高于40% 6. 能否创造新企业在市场上的战略价值 7. 资本市场的活跃程度 8. 退出和收获回报的难易程度

4. Baty 的选择因素法

与上述分析框架不同，Baty 通过 11 个选择因素的设定来对创业机会进行判断。这 11 个因素被设置为判断题，如果创业机会符合其中 7 个或 7 个以上，就可以被采用。反之，如果只符合了 6 个或少于 6 个，就说明该创业机会应该被放弃。

表 6-5　　　　　　　　　　Baty 的选择因素法

这个创业机会在现阶段是否只有你一个人发现了？
初始的产品生产成本是否可以承受？
初始的市场开发成本是否可以承受
产品是否具有高利润回报的潜力？
是否可以预期产品投放市场和达到盈亏平衡点的时间？
潜在的市场是否巨大？
你的产品是否是一个高速成长的产品家族中的第一个成员？
你是否拥有一些现成的初始用户？
是否可以预期产品的开发成本和开发周期？
是否处于一个成长中的行业？
金融界是否能够理解你的产品和顾客对它的需求

资料来源：作者整理所得。

需要强调的是，在时间维度上，对创业指标的评价既要着眼当下，又要关注未来。在定量还是定性的问题上，要意识到并非每一个指标都可以被量化，定性指标和定量指标各有其存在的价值。上述列出的各学者的评价框架只是一些可参考的衡量标准，现实中的创业机会千变万化，创业者的情况也各不相同。创业者对机会进行评价时，可能不依赖任何系统的指标体系，或只采用个别指标就能做出决定。

三、适合大学生创业的领域

理论上，只要进行了科学、客观的机会识别，大学生创业者就可以尝试所有行业。事实上，受限于经验、资金、人脉等资源的不足，大学生创业者的项目选择相对集中。为了提高创业机会识别的效率，可以先从这些领域中挖掘创业机会。

（一）科技成果产业化

大学是科研成果和科技人才聚集的地方，身处高新科技前沿阵地的大学生，在这一领域创业有着近水楼台先得月的优势。很多大学生有认识上的误区，认为只有懂技术的理工科学生才能进行高科技创业，其实不然。对于理工科的大学生而言，结合专业所长、跟随老师从事科学研究，有可能做出自己的科研成果并进行产业化，但这种概率并不高。在更多情况下，大学生进行高科技创业要"借力"学校的综合资源，包括老师、同学、科技成果、专利技术、设备等。大学生既可以从本校也可以放眼中国其他高校甚至国外的高校来寻找新技术的信息，通过获得技术授权或合作的方式进行创业。无论是文科学生还是理科学生，是否精通技术并不重要，重要的是当个有心人，善于思索技术和消费者需求之间的关联。不一定要着眼于改变社会的大科技，哪怕是解决人们实际生活中的小问题，都是实现了科技成果的产业化。例如，集美大学生物工程学院的创业团队就将食物冻干技术运用于小米，开发出了美味、健康的"方便小米粥"产品。

小案例 6-2

"80 后"大学生试水"高科技创业"
（节选于河北日报新闻报道）

2010 年贺伟龙在同学聚会上，无意中听到了原籍邢台的归国博士白向阳的"新型微生物检测芯片"技术，该技术还获得过国家大奖。当时贺伟龙从只言片语中敏锐地捕获了三个重要信息：留美博士、技术先进、与自己来自同一座城市，并从中嗅到了一丝商机。

在辗转联系上白向阳之后，得知上海、南京、杭州甚至美国的公司都在与白向阳积极接洽中，于是他用自己"同乡"的身份打动白博士："您是邢台人，完全可以回到家乡来发展！"而当时的白向阳恰好想要回家乡发展。

然而更大的挑战来了，这种高科技项目前期投资巨大，至少需要 3300 万元，这对贺伟龙而言显然是个"天文数字"。所幸他大学时在一家民营钢铁企业做兼职会计，在老板与其他钢铁企业老总们的谈话中，得知当时许多钢铁企业由于产能过剩、资源消耗较大，正在寻求转型升级，对一些高新项目非常渴求。他灵机一动："能否从中牵线搭桥呢?"于是他拿出在大学社团拉企业活动赞助的劲头,整理好厚厚的一沓资料后,奔波于各大钢铁企业老总的办公室。最终,一位当地知名的民营企业家被他打动了。经过协商,出资方龙海钢铁集团将占据新公司55%的股份,白向阳博士以技术占股40%,贺伟龙拥有5%的股份,并出任公司总经理,河北贝克艾瑞生物技术开发有限公司顺利成立。

公司研发生产的是一种新型的非培养微生物检测芯片。传统的微生物检测需要将样品放到培养皿中培养4~7天之后才能检测,而贺伟龙的产品则是利用微生物学和流体力学原理,可以在4小时内完成检测。在记者采访中他这么介绍产品:"打个比方,进口一批黄瓜,要检测某些细菌是否超标,用传统产品来检测,这些黄瓜不烂也得蔫了,而我们的产品,基本上是立等可取。"这种新型的检测芯片可广泛应用于生命科学基础研究、疾病诊断与控制、个性化用药、生物技术、环境保护、航空航天、进出口检疫检验等诸多方面。仅一条小型生产线,就可实现年产芯片100万片,一年中获利将近千万元。对于未来,贺伟龙充满信心,他相信随着对这个技术的了解,会有更多的企业与他合作。

(二) 知识创造财富

在知识经济时代,智力就是大学生创业的资本,在智力服务领域创业,大学生游刃有余。传统的家教、翻译、活动策划、艺术设计等领域对投资和场地的要求不高,可以多人协作,也可以通过网络完成,依然适合大学生进行创业尝试。新兴的知识创造财富方式,首推各种知识付费平台,大学生群体可以通过回答问题、分享资料等获得收入,实现知识变现。此外,小程序制作、公众号营销、网店"装修"、视频制作等企业的外包业务也都适合大学生群体尝试。值得注意的是,智力要用在正当的途径上,个别学生在校园内开展代刷网课、代做作业、代写论文等"业务",扰乱正常的学习秩序、缺乏商业伦理。

小案例6-3

"90后"大学生创业做"知识付费"
(节选于中国网报道)

杜正麒不曾预料到,他会走上"互联网+内容"的创业之路,更不会想到，短短8个月项目的流水会过千万元。

  2018年6月，从中国传媒大学毕业之际，至少3家教育培训企业向杜正麒伸出橄榄枝，其中一家教育培训机构提出愿意拿出10%的干股让杜正麒加盟，参与教学管理。也就是说，只要杜正麒愿意，除了每个月拿着上万元的高工资外，还能享受10%的干股分红。这意味着，两年内可以拿到50万元的分红。"我那时候很开心有这样的工作机会，但我的一位好友是中央人民广播电台经济之声的主持人，他听说后反问我，这1万元底薪就是你的价值了吗？"这个问题让杜正麒陷入了沉思，"我要考虑清楚，我想要的到底是什么？"杜正麒用了整夜的时间，思考自己在这个平台能创造的价值和发展空间。"最后我决定放弃这个机会，因为我的价值不止于此。""我看到的并不仅仅只是26岁的我，更多的是未来的我。"在中传学习的经历让杜正麒逐渐意识到，自己手中的资源能帮助他做自己真正擅长的事情，那就是资源整合。

  这种创业不需要太多启动资金，但需要对行业内模式有清晰化的认知，而这正是杜正麒的优势所在。"之前一家配音公司找到我，想让我帮忙对接几个配音项目。当时我就心想，为什么不利用自己积累的资源来做中间合作商赚取差价呢？"在接下来的一个星期，杜正麒凭借之前读书以及兼职过程中积攒的人脉，迅速对接了200余位配音员和三家公司，第一个月便盈利7万余元。这无疑让他对未来更加坚定了信心。2018年7月，山东正麒文化传媒有限公司正式创立。2018年7~12月，为了公司的配音项目以及新媒体电台节目的项目，杜正麒跑了南京、成都、上海、合肥等21个城市。谁能想到，路费都成了问题。"所有能借的朋友，我都借了。"最多的10000元，最少的500元，单路费就借了有30000多元。加上项目垫付资金和为母亲开店准备的初始资金，总共借了23万元。

  创业初期，杜正麒每天都要忙到深夜一两点，有时候项目催得急了，就是一个通宵。熬夜，是他的家常便饭。为了将内容做到最好，从生产到包装，从运营到分发，杜正麒都亲力亲为。"因为任何一个环节都不容许出差错，否则后期的成本和代价将是巨大的。"与很多人不同的是，杜正麒喜欢创业过程中突然出现问题，特别是一些突发意外，他会感到兴奋不已。如果是一连串七八个项目出现问题时，他可以兴奋地彻夜工作，一直到天亮。经过努力，杜正麒的配音项目很快进入正轨，他抓住了"知识付费"这只飞猪的尾巴，赚到了第一桶金。2019年3月，杜正麒在北京创办了橙子时代文化传媒公司，联合喜马拉雅FM推出"正奇读书会"，希望通过自己的声音将古今中外的名人趣事儿分享给听众,一起学习不同名人的处世哲学,提升商业思维和人生格局。公司目前已经与掌悦读书、荔枝微课、喜马拉雅等大平台顺利对接,将书籍转述成音频,为付费课程配音,进行原创课程的内容开发。在知识付费的寒冬,卖得最好的一套书籍解读课单月流水超过 100 万元。这也让杜正麒更加坚信"内容为王"!

"一个人不断成长,格局也会发生变化。我发现我真正热爱的不光只是坐在话筒前播音,而是更广阔的'声'的世界。"面对新媒体的冲击,杜正麒决定顺势而为,搭上互联网的快车,谋求新的发展。谈及对未来的规划,杜正麒表示,目前公司正在筹备几档自媒体节目,为迎接视频风口做准备。

资料来源:http://www.xinhuanet.com/money/2019-04/26/c_1210119582.htm.

(三) 连锁加盟领域

作为一种现代营销模式,特许加盟经营已成为个人创业的重要途径。统计数据显示,在相同的经营领域,个人创业的成功率低于 20%,而加盟创业的则高达 80%。目前大学生通过"开店"的方式创业,多集中在奶茶店、烘焙店、花店、咖啡店等,如果是单打独斗地开店,往往起步较慢且竞争力不强,而如果借助连锁加盟的品牌、技术、营销、设备优势,大学生可以弥补社会经验不足的劣势,降低风险。总部系统的管理培训与指导,可以弥补动手能力差的劣势。连锁加盟的品牌效应可以提升经营收入。当然大学生也不可忽视连锁加盟的风险,目前市场上昙花一现的连锁加盟项目很多,还有一些在后续服务上难以保证。大学生创业者不能轻信加盟广告,在签约之前一定要拜访公司总部,并对已经开设的加盟店现场考察。

小案例 6-4

大学生开手抓饼连锁店
节选于《重庆晨报》和《中国青年报》报道

2011 年 10 月,在重庆大学攻读信息管理的大三学生禹化普认识了在大学城西街做手抓饼的许少波。两人决定合作经营,发展手抓饼加盟连锁。许少波专注于技术改良,禹化普负责开店营销。"我们知道口味一定没问题,重要的就是选址和营销方式。"禹化普自信地说,一家店投资成本只需3万元左右,4个月左右可以盈利。

随着2012年大学城西街两家分店步入正轨,禹化普开始扩张脚步。2013年6月,禹化普将手抓饼店开到了位于市中心的观音桥商圈,这一次的"扩张",成就了后来的创业达人——"手抓饼大王"。2013年7月,《重庆晨报》以《"90后"大学生卖手抓饼,年收入已达250万元》为题报道了禹化普的创业故事,该篇文章被数千家媒体转载。随后,他便因这份手抓饼的事业先后登上央视《晚间新闻》、江苏卫视《一站到底》,并获多家媒体转载报道。很多人慕名而来,想找他加盟手抓饼店。

经过短短两年的时间,禹化普的手抓饼业务就发展了4家直营店、1个加工厂和8家加盟店,年收入达250万元。如果说四成靠营销,那么口感占六成。禹化普一直坚持在自建加工厂里手工制作,拒绝机器加工。"每卖一个面团给加盟商,他们赚8毛,我们只赚5毛,薄利多销。"禹化普说。

2014年,记者来到禹化普办公室,看他正在为一天的工作做准备。见加盟商、聊产品、谈合作,这成为他每天的工作。到了2014年底,加盟商已经达到200多家,遍布全全国多个省区市。身为重庆禹化普餐饮管理有限公司董事长的禹化普除了和加盟商打交道外,还不得不去思考如何构建企业文化、如何营造企业理念以及如何制定企业发展规划等。身份的转变让这个年轻的管理者压力倍增。"以前从来没接触过这种事情,管理、资金、人员之间的关系都得考虑周全,一切都得像创业一样从头开始。"让禹化普庆幸的是,这家年轻的企业中有着和他一样满怀梦想的年轻合伙人——龙坤和许少波。同样年轻的他们一个擅长技术,一个擅长营销,是禹化普不可或缺的左膀右臂。在创业阶段,3个小伙伴每天起早贪黑研究项目,先后从成都学习考察食品制法和营销手段。在充分考虑了重庆特有的地域特色之后,禹化普和他的合伙人选择了稳扎稳打、专注产品的策略。谈到未来,禹化普多次强调要回归受众和产品,"就像我现在虽然在卖手抓饼,但明天如果我卖的是别的任何东西,同样会获得粉丝群体的认同。这就需要形成一种认同感"。

(四)电子商务

中国网民数量不断攀升,至2018年底,网民规模达8.29亿,互联网普及率达59.6%。近年来移动终端的购物量不断攀升，人们"手指动一动"就能消费，再加上配送体系的完善，网络购买的即时满足功能不断提升，电子商务已成为人们的消费的主要方式。当代的大学生是伴随着互联网成长的一代，从小就使用计算机和各种移动终端，熟悉新兴网络销售方式。在产品选择上，家乡特色食品、文创产品、可个性化定制的产品等，都有不少成功案例。在目标市场上，除了国内销售外，也可以尝试寻求跨境订单。在销售方法上，除了开网店外，还可通过微信和直播平台销售。

小案例6-5

大学生当上"菜贩子"，农产品电商平台一年销售额3500万元

（节选自北京日报2010年11月13日报道）

孔博通过寒窗苦读考进北京理工大学，与当时几乎所有密云年轻人一样，考进北京城里的大学、留在城里工作，是最自然不过的奋斗目标。可毕业没两年，他就下决心返乡创业了。除了工作的不顺心和生活成本的压力，对故土的眷恋是他的动力，脚下的土地让他心安。

从一台220元钱的真空包装机开始，他坚持每天清晨去找菜农收菜，上午就发快递，下午就让客户收货。当时北京全市的生鲜电商都在拓荒，多数商家是采摘后第二天送货。孔博坚持让客户吃到当天采摘的蔬菜。由于电商刚起步时订单不稳定、单量小，农户更愿意为大客户供货，不愿意到地里专门采摘3~5筐蔬菜。孔博一方面说服农户，另一方面自己动手去地里收菜。这么起早贪黑干了一年，孔博的网店成为北京市分类店排名第一。他还尝试订单式合作，向乡亲们推荐种植品质好、售价高的作物，渐渐地乡亲们发现跟着孔博卖农产品，收益明显变高。有了乡亲们的信任，孔博不仅供货有保证了，人手也不愁了，团队里增加了许多密云的年轻人，从北京市区回来加入团队的返乡大学生已经接近20人，孔博自豪地说："还有很多乡亲们想把孩子送过来实习。"

如今，孔博创立的农产品电商平台"密农人家"已与400多户农户直接合作，还跟密云全区70余家合作社签订了协议，平台拥有一年3500万元的销售额，带动了3000多户农户增收。贝贝南瓜、贡薯、流沙番茄、桔红心白菜……这些密云产的新鲜农产品被送到全国各地的消费者手中。

（五）创意产业

大学生年轻朝气、思维活跃、乐于接受新鲜事物，符合创意人才的特质。创意产业的表现形式多样，大部分具有轻资产、重创意的特点，所需启动资本少，可以小型工作室的方式依托创业孵化园、文创园、众创空间等发展。以集美大学为例，入驻创业孵化园的多为创意类项目，有的将校园风光、校训、历史等融入手账设计；有的开发校园特色明信片；有的提供学生宿舍装饰服务；有的承接企业和个人的照片、视频拍摄工作……除了大学生们喜闻乐见的文艺、小清新主题之外，还有一个创意产品的类别很值得关注，那就是将传统文化、民俗与现代生活相结合，不仅为产品开拓市场、实现销售，更是传承了传统文化，体现了大学生的时代担当。例如，有的学生以中国特色青花瓷作为设计元素，创作了"青花陶瓷首饰"，在江西景德镇的工厂制作后投放市场，因为样式美观、价格不高，获得了很多市民的青睐。还有的学生以云南少数民族的手工印染布作为原料，设计出帽子、围巾、裙子等服饰，以古朴的风格受到市场欢迎。只要大学生们怀着对传统文化的爱，努力探索地方特色工艺品、非物质文化遗产与现代生活的结合点，这样的创业项目操作起来并不困难。

小案例 6-6

"90后"大学生创业不走寻常路，"私人定制"月入上万
节选于温州晚报 2015 年 5 月 6 日报道

俗话说，"三个臭皮匠，顶个诸葛亮"。在温州大学，有 5 个"90 后"手工皮匠达人自建工作室，专门定制 DIY 手工包包，赶超"诸葛亮"，走上了一条不同寻常的创业之路。

"我们身上的钱夹、卡包都是自己手工做的。"施雁鹏在自己位于校内工作室里的展示架前边展示边介绍。牛皮水桶包、手抓公文包、动物造型的实用卡包、文艺范大爱的皮制笔记本、欧美大牌风十足的眼镜袋，这些皮具质量看起来与商场出售的无异，但款式却更显别致且极具个性化。

就读温州大学美术与设计学院服装设计与工程专业的施雁鹏，一个半月前和自己的同班同学程思、周梦怡、余美珍，以及学弟郭笃鹏，合伙开出了这个"原未"手工皮具工作室。提起初衷，施雁鹏直言："我们的专业学的是鞋靴方向，平日里整天就和皮具打交道，之前我们还学了一门皮

具设计课,作业就是做一个手工包,自此就一发不可收拾了。"于是,5个"90后"一拍即合,成立了工作室,取名为"原未",即"初心、本心"之意,希望通过手工制作的皮具留下时光的痕迹,寻回最淳朴的味道。为此,工作室除了推出"私人定制"服务外,还鼓励手作,推出DIY皮具,受到无数大学生的喜爱。如今,业绩好的时候,工作室月收入可达13000元。

与别的大学生不同,他们鲜少有所谓的"夜生活",一下课就泡在堆满皮革、工具的工作室,不停地设计和制作。提起自己的创业,大学生余美珍说:"这些手制包,只有自己动手去做,才懂背后所蕴含的心血。"为了选购一块自己称心如意的原料,周末一有空,他们便会跑黄龙商贸城或水心市场。从大学城坐公交车,需要足足2个小时才能到,买好原料之后,他们还要再挤公交车回来,因此周末的40里路总能看见他们的身影。哪个是优质头层皮,现在的他们只须用手摸一摸,用鼻子闻一闻便能分辨。

开始时工作室场地还没落实,他们曾顶着众人异样的目光,坐在寝室过道上缝制。皮料不同布料,硬且粗糙,工作室里的4个"女汉子",手上几乎都有伤。经过潜心学习,如今他们制作皮包的技术炉火纯青。这个月,他们还接到了学院的一个订单,给美术学院今年的280位毕业生制作印有学院Logo的定制卡包作为纪念。

在这个工作室里,分工明确,程思、周梦怡、余美珍负责产品设计与研发,郭笃鹏负责产品摄影,施雁鹏负责与外对接。随着产品的不断推出,他们被越来越多的人知道,也形成了一个独特的DIY皮具圈子。现在你来到原未,有十几种皮具样式的图片供客户选择,一旦选好样式、皮料,"皮匠们"就会手把手地教客户怎样自己制作皮具。一个男生就特意跑到工作室,花了两天时间,给女朋友制作了一个小巧实用的零钱包,小小的礼物因为凝聚了两天的辛劳而意义深远。一个在速卖通上经营男鞋的店家,则在他们的工作室里自己做了十几个皮具钥匙扣,作为送过老外客户的礼物,受到了国际友人的一种好评。

本章参考文献

[1] 蔡莉,鲁喜凤,单标安,于海晶.发现型机会和创造型机会能够相互转化吗?——基于多主体视角的研究[J].管理世界,2018(12):81-94.

[2] 孙永波,丁沂昕.创业导向、外部知识获取与创业机会识别[J].经济与管理研究,2018(5):130-144.

[3] 唐文森. 创业机会内涵、来源及识别 [J]. 合作经济与科技, 2020 (1): 146-149.

[4] 张秀娥, 王超. 创业警觉性、创业机会识别与创业成功 [J]. 苏州大学学报, 2019 (2): 99-108.

[5] 蔡壮华, 郑炳章, 杨旭辉. 创业机会理论综述 [J]. 石家庄经济学院学报 2008 (3): 133-137.

[6] 雷家骕, 左凌烨. 创业机会评价方法研究综述 [J]. 中外管理导报, 2002 (7): 53-55.

[7] 周风华, 叶睿. 试论创业机会的识别与评价问题 [J]. 科技创业月刊, 2011 (1): 40-41.

[8] 林嵩, 姜彦福, 张帏. 创业机会识别: 概念、过程、影响因素和分析架构 [J]. 科学学与科学技术管理, 2005 (6): 128-132.

[9] 姜彦福, 邱琼. 创业机会评价重要指标序列的实证研究 [J]. 科学学研究, 2004 (2): 59-63.

[10] 杨波, 张卫国. 不确定环境下的创业机会识别研究 [J]. 经济与管理, 2009 (5): 21-25.

[11] 刘万利, 胡培, 许昆鹏. 创业机会识别研究评述 [J]. 中国科技论坛, 2010 (9): 121-127.

[12] 郭晓丹. 创业机会异质性及其识别方式理论诠释与扎根分析 [J]. 财经问题研究, 2011 (2): 21-29.

[13] 丁忠明. 大学生创业启程 (第2版) [M]. 北京: 机械工业出版社, 2019.

[14] 何传添. 大学生创业管理教程 [M]. 北京: 清华大学出版社, 2015.

[15] 蔡剑, 吴戈, 王陈慧子. 创业基础与创新实践 [M]. 北京: 北京大学出版社, 2015.

[16] 黄宇, 田文生. 禹化普: 放弃密室, 改做手抓饼获成功. [N] 中国青年报. 2014-12-01.

[17] Alexander Ardichvili, Richard N Cardozo, Sourav Ray. A theory of Entrepreneurial Opportunity Identification and Development [J]. Journal of Business Venturing, 2003 (8).

[18] Eckhardt J, Shane. Opportunities and entrepreneurship [J]. Journal of Management, 2003, 29 (3): 333-349.

[19] Tinrnom J., New Venture Creation [M], 4ed. Chicago: Irwin, 1994.

第七章　商业模式创新

商业模式的概念，最早出现在20世纪50年代，到了20世纪90年代后期随着IT技术与电子商务的迅猛发展，逐渐成为理论和实践界的热门话题。早期对商业模式的研究多集中于电子商务领域，而后，随着互联网泡沫破灭，大量电子商务企业倒闭，以及一大批非互联网公司依靠其独特的商业模式而崛起，有关商业模式的研究对象才逐渐扩展到一般企业领域。

商业模式也是创业领域中的焦点词汇。当今企业间的竞争，不再是产品之间的竞争，而是商业模式之间的竞争。准确理解和把握商业模式的本质，是企业成功开展商业模式设计与创新的前提。对于创业企业而言，商业模式在很大程度上决定了其成长潜能，创业者都在不断地探索和完善商业模式，希望通过商业模型的创新能够让企业发展壮大。因此，了解什么是商业模式、掌握商业模式创新的方法，是大学生创业者的必修课。

一、商业模式的定义

在不同的环境和不同的管理领域，商业模式的概念已经被用于解决不同的研究问题。学者使用"商业模式"这个术语来解释不同的现象，如电子商务类型、企业的价值创造或价值获取，以及技术创新是如何运作的。关于商业模式作用的研究基本上是在这些"竖井"中孤立地进行的，至今学者尚未对商业模式是什么达成一致意见。

原磊（2007）全面梳理了国外学者针对商业模式的研究，提出商业模式是一种描述企业如何通过对经济逻辑、运营结构和战略方向等具有内部关联性的变量进行定位和整合的概念性工具，说明了企业如何通过对价值主张、价值网络、价值维护和价值实现四个方面的因素进行设计,在创造顾客价值的基础上,为股东及伙伴等其他利益相关者创造价值。其中:(1)价值主张和价值维护可归为战略方向方面,价值网络可归为运营结构方面,价值实现可以归为经济逻辑方面。(2)商业模式从本质上讲是企业的价值创造逻辑,而价值是通过顾客、伙伴、企业的合作而被创造出来,并在它们之间进行传递和消费,因此应当从顾客价值、伙伴价值和企业价值三个角度研究企业的价值创造活动。(3)从层次上看,顾客价值、伙伴价值和企业价值三者处于不同层次,顾客价值是基础,伙伴价值是支撑,企业价值是目标。

卓德(Zott,2011,2015)对国外文献进行了综述,发现学者根据各自感兴趣的现象和擅长的知识领域,对商业模式进行了各种各样的解读。商业模式被称为一种陈述、一种架构、一个方法或者一种模式。引人注目的是,超过1/3的文献提出了商业模式的要素、构成、逻辑,却没有提出明确的定义,可见给商业模式下定义是一件困难的事情。尽管在使用的概念和解释的现象方面,不同的商业模式研究者存在诸多差异,卓德依然发现了一些共同点:(1)商业模式是一种新的分析单元,以一个核心公司为中心向外形成网络,其边界超越了公司和行业的界限;(2)商业模式研究者通常不仅仅关心企业和产品,而是采用整体和系统的视角;(3)许多学者将核心公司或其供应商、合作伙伴或客户所进行的活动作为其概念化的一部分;(4)商业模式试图解释价值创造和价值获取的过程。

魏江等(2012)从企业"内部过程""外部交易""系统整合"三个视角,对商业模式相关研究进行综述。通过文献梳理,商业模式所涉及的内容更加清晰化,魏江由此给出商业模式的操作性定义:第一,商业模式涉及一系列运营活动;第二,商业模式核心内容是客户价值主张、价值创造、价值获取;第三,商业模式描述的是构成要素之间的一个架构。进而商业模式被定义为:一个描述客户价值主张、价值创造和价值获取等活动连接的架构,该架构涵盖了企业为满足客户价值主张而创造价值,最终获取价值的概念化模式,如图7-1所示。这个定义综合了各个流派的研究成果,要素丰富,层次清晰,本书也以此作为商业模式的定义,并展开后续讨论。

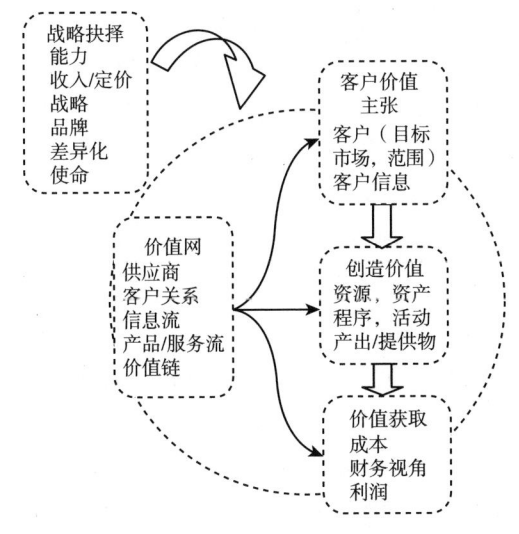

图 7-1 商业模式构成要素

资料来源：魏江，刘洋，应瑛.商业模式内涵与研究框架建构［J］.科研管理，2012（5）：107-114.

二、商业模式的逻辑

根据上述商业模式的定义，其逻辑围绕"价值"二字展开，分别为确定客户价值主张、价值创造和价值获取。其他学者对于商业模式的逻辑也有相似的阐述，如亚历山大·奥斯特瓦德（2011）提出商业模式应描述企业如何创造价值、传递价值和获取价值。李家华（2014）提出商业模式的逻辑性主要表现在价值发现、价值匹配和价值获取三个层层递进的方面。究其本质，都是从顾客需求出发，进行资源筹集和能力塑造，最终为顾客创造价值的同时获得收益。企业只有遵循这一原则，才能开发出同时为顾客、企业以及合作伙伴创造经济价值的商业模式。

（1）确定客户价值主张：创业者所认定的创新性产品和技术，只是创业的手段，最终盈利与否取决于是否拥有顾客。明确和细化顾客价值所在是商业模式开发的关键环节。许多创业成功的重要原因在于发现了具有潜力的顾客需求。他们非常清楚企业要满足的是顾客的哪些需求，能帮助顾客解决什么样的难题。相反，如果创业者一味陶醉于自身产品的优越性能，忽略产品与顾客需求之间的联系性，就本末倒置了。

（2）价值创造：顾客价值的实现，需要以产品或者服务为载体。企业应进行产品的研发和服务设计，寻找解决顾客痛点的方法。同时，新创企业通常不具备满足顾客需要的所有资源和能力，因此，为了获得先发优势并最大限度地控制机会开发的风险，几乎所有的新创企业都要与其他企业形成合作关系，从而让业务能够快速启动。

（3）价值获取：许多创业企业是新技术或新产品的开拓者，却不是创新利益的占有者。例如，工具类的产品用户量很大（墨迹天气、美图秀秀等软件），但是消费者对其只有功能性的诉求。这样的产品不容易提供增值服务，也不容易附着广告，自然就很难盈利。美图的用户量、美誉度都很高，可苦于没找到盈利模式，上市后几个月市值一度从近千亿港元跌回100多亿港元。这种现象发生的根本原因在于这些企业忽视了对创新价值的获取。占有创新价值是价值创造的目标，是新创企业能够生存并获取竞争优势的关键。在此环节，新创企业应立足于财务视角，核算成本与收益，明确收费方式，筹划盈利空间。

案例 7-1

小米公司的商业模式

根据小米官网和媒体新闻报导整理

小米公司成立于 2010 年 4 月，是一家以手机、智能硬件和 IoT 平台为核心的互联网公司。2018 年 7 月 9 日，小米成功在香港主板上市，成为港交所首个同股不同权上市公司，创造了香港史上最大规模科技股 IPO，以及当时历史上全球第三大科技股 IPO。目前，小米是全球第四大智能手机制造商，在 30 余个国家和地区的手机市场进入了前五名。2019 年，小米手机出货量 1.25 亿台，全球排名第四；电视在中国售出 1021 万台，排名第一。2020 年小米位列《财富》世界 500 强排行榜第 422 位。小米公司创造了现代商业史上的一个奇迹，仅用 10 年，就成为一个拥有 2 万名员工，市值超 3000 亿港元的上市公司，并且跻身成为最年轻的世界 500 强，其成功与商业模式的卓越密不可分。

1. 确定顾客价值主张

以手机起家的小米公司，除了手机之外还开发了众多的产品。今天，当消费者步入小米的线下体验店，会看到手机、电视、运动手环、电话手表、扫地机、吸尘器、音响、双肩包……这些产品看上去类别繁杂，但有统一的内核：感动人心、价格厚道。物美价廉是消费者的普遍追求，而在实际市场上，常常是好的东西很昂贵，便宜的东西质量又太差，缺乏中间层次、性价比高的产品。小米恰恰就是抓住了中间层次的市场需求，为消费者提供性价比最高的产品，那么这个市场无疑是巨大的。雷军曾经说过，中国很多传统市场都可以重新做一遍，国内存在很多"蚂蚁市场"，市场份额被无数家公司分占，已经进入市场的企业躺在功劳簿上睡大觉，对用户需求视而不见，导致很多产业级痛点长期得不到解决。例如，在云米开始做智能净水器前，市场已有的净水器或多或少存在漏水问题，云米集中跨专业团队针对漏水这个核心问题进行技术改进，同时试验3套方案，不断改进材料，最终研发出"集成水路"，就企业而言获得了巨大的竞争力，对用户而言，具有实际的价值。

2. 价值创造

小米的产品定义有一条重要的原则："满足80%用户的80%需求"，也就是解决大多数人的刚需。小米的产品品类都是标准化程度高的、通用的功能性产品，具有先天的效率优势，能够服务于大多数人，适合大市场。

小米的产品开发模式，与传统的IT企业不一样。传统开发首先要有一个完善的策划再进行开发，开发后做测试，最后经过调试推出产品，这个流程一般需要花费几个月甚至几年的时间。反观小米公司，秉承"为发烧而生"的产品概念，创造了用互联网模式开发手机操作系统、发烧友参与开发改进的模式，把开发节点变短，每一步都迅速得到用户的反馈，然后再改进产品。用户的参与，既增加了顾客的忠诚感，也让市场需求更能淋漓尽致地融入产品设计中。

这么多种类的产品都由自己开发、制造是不现实的，因此小米寻找具备发展潜力和赋能空间的企业，运用自己的平台和资源优势，以投资方式，打造出独特的"小米生态链"。例如，有些初创企业或者处于发展期的中小企业，研发能力强，但销售能力一般，这样就能和小米形成互补，生态链企业为小米带来新的技术和研发团队，小米带给研发团队销售渠道、客户群和品牌背书。这样，销售、营销、供应链等多个方面的成本都能够大大降低。在投资方向选择上，小米以手机为核心，聚焦于手机周边、智能硬件、生活耗材三个方向，所有产品都能与小米的核心产品手机相连接，这就意味着生态链企业能够与小米共享客户群体和销售渠道，并有可能给小米带来新的客户群。目前，小米系投资的公司接近400家，覆盖智能硬件、生活消费用品、教育、游戏、社交网络、文化娱乐、医疗健康、汽车交通、金融等领域，这些企业的协同共进，确保了小米的全品类战略。

3. 价值获取

在小米成立十周年的演讲上，董事长雷军再次强调：小米硬件综合利润率永远不会超过5%，如有超出的部分，将超出部分全部返还给用户。价格低的确是小米的"必杀技"，同样质量的东西，比人家便宜；同样价格的东西，比人家质量更优。例如，充电宝售价79元，但里面的电芯可能都不止这个价格。再如运动手环，其他企业卖上千元，小米保留最基本最重要的功能，只卖99元。"性价比高"的印象在消费者心中一旦形成，他们想买其他东西的时候，就会先想到小米，不知不觉越买越多，"米粉经济"便由此产生。

那么小米靠什么盈利？小米与其他手机企业相比，盈利模式完全不同。小米并非围绕硬件盈利进行运营布局，而是由硬件延展向软件、服务盈利，即采用"Free + Premium"的模式，先通过不赚钱或赚钱很少的硬件圈住大量用户，再通过提供收费软件、增值服务、周边配件等方式变现。小米的盈利点很多，电商平台分销诸多生态链商品；小米手机分销各种APP；小米电视分销视频内容；小爱音箱分销音频内容……同时小米的成本控制非常卓越。首先，小米的渠道是一个创新，用一个比较便宜的渠道，包括互联网、口碑营销等，把渠道价格降低了。其次，小米采取的是轻资产运营模式，自己负责研发、设计、售后服务等，生产、物流配送环节全部外包，由此减少了固定成本的投入和摊销，甩开最重、最积压资金的部分。最后，无论是自己还是生态链的制造，小米都会选择一流的供应商。因为一流的供应商有最好的设计人才，能够实现最优设计；一流的供应商有良好的生产效率和巨大产能，采购成本最优。只要小米的销售量够大，就能在供应商那里争取到价格相对低、质量有保障的产品。

以消费者需求为起点，以"极客精神"打造产品，以生态链、平台化构筑商业帝国，这就是小米的成功之道。

三、商业模式创新

（一）商业模式创新的定义与内涵

近年来，创新的商业模式以前所未有的规模和速度改变着产业和行业格局，商业模式创新得到了管理学者和企业家越来越多的关注。商业模式学科是融合了技术创新学、战略学、营销学等不同学科的相关内容而形成的一个新兴的管理学交叉学科，不同学科背景的学者以及企业家所说的商业模式创新存在诸多分歧。商业模式创新是一个"众口一词、莫衷一是"的术语（王雪冬和董大海，2013）。

王雪冬等（2013）对已有文献进行了系统梳理，从技术创新学、战略学、营销学和商业模式学四个研究视角总结了各个学科学者们的主要观点：（1）技术创新学视角下的商业模式创新偏重于从技术角度看待创新，普遍强调技术创新必须与商业模式创新进行有效的结合，才能更好地实现其自身的商业化，即认为商业模式创新是一种技术商业化手段；（2）战略学视角下的商业模式创新主要从变革的视角来认识和理解商业模式创新，强调商业模式创新是一种企业层次的战略变革行为，其变革层次远高于一般的产品创新、渠道变革、品牌塑造等业务层次的变革，是对行业既有假设和思维定势的颠覆，是组织为应对外生不连续性而进行的一种非常规的激进式组织变革过程；（3）营销学视角下的商业模式创新主要从商业模式创新的源头——顾客和消费者出发来认识和研究商业模式创新，强调了企业在发掘潜在需求方面发挥主观能动性的重要性以及商业模式创新的双边市场特征；（4）商业模式学视角下的商业模式创新被看作是一种系统性创新，要求企业在顾客价值主张、运营模式、盈利模式、营销模式等多个环节上实现新的突破，最终对商业模式构成要素进行系统性变革。实施商业模式创新的企业不是产业链上的简单一环，而是社会网络中的一个核心结点，将企业边界拓展到企业的利益关系和交易结构影响所及的全部利益相关者，最终组建以企业自身为核心的商业生态系统。

商业模式创新是指企业价值创造的基本逻辑的新变化，商业模式创新的主线是更好地创造顾客价值。无论是产品或服务的创新、顾客界面的创新，还是将这些元素进行组合创新，都要以顾客价值的创造为主线，侧重于探索新的收入模式，重新确定顾客、供应商和合作伙伴的价值主张，形成协同共赢的平台效应。

（二）商业模式创新的实现方式

1. 价值链视角的商业模式创新

价值链是指产品如何从原材料阶段，经过制造和分销活动，直至到达最终用户手中的一系列转移活动链条（李家华，2013）。价值链作为一种被普遍采用的战略分析工具，既揭示了企业内部各种活动对价值创造的作用，也强调企业利润的实现是为上下游之间相互竞争的结果。根据迈克尔·波特的观点，企业的价值活动可以分为基本活动和辅助活动两类。其中基本活动包括内部后勤、生产作业、外部后勤、市场营销和销售、服务五部分，辅助活动包括企业基础设施、人力资源管理、技术开发和采购四部分，如图7-2所示。创业者可以对企业价值链进行分析，思考实现创新的可能性，常用的方法有：（1）从九个价值活动中的某一个环节入手，形成其他企业难以学习和模仿的核心能力。（2）选择一个以上的环节，通过联合创新，强化整个价值链的竞争优势。（3）分拆、剥离、外包某些环节，只保留企业有核心竞争力的项目，缩短企业的价值链。例如，耐克牢牢把控品牌塑造和产品研发的环节，而将制造的环节外包。

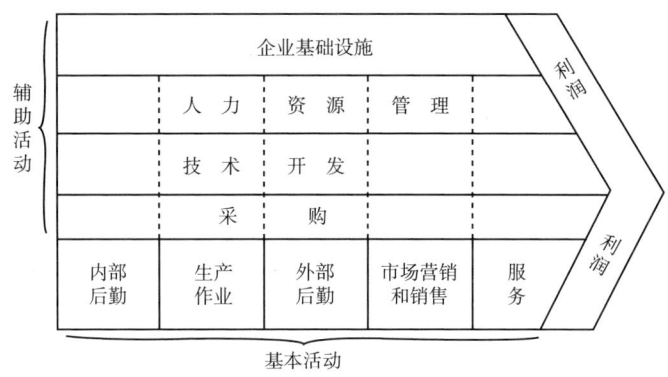

图7-2　企业价值链

资料来源：迈克尔·波特. 竞争优势 [M]. 北京：华夏出版社，1997.

随着市场分工的发展和市场竞争的加剧，大多数产品和服务都跨越多个企业的价值链，无法由单一企业的价值链涵盖。迈克尔·波特扩展了其价值链模型，指出企业价值链应同时与上游的供应商价值链、下游的渠道价值链和顾客价值链相连，构成一条完整的产业价值链，如图7-3所示。将眼光从企业内部延伸到上下游企业时，创业者的商业模式创新就有了更广阔的空间：（1）在企业原有价值链的基础上，通过延长其两端的价值活动，进入更多的价值创造环节。前向一体化企业商业模式是将渠道价值链和顾客价值链上的价值活动纳入企业价值链，从而消灭了中间商（企业外部的物流、代理商和零售商等），企业直接面对消费者组织销售，并将中间利润与消费者分享；后向一体化企业商业模式是将供应商价值链纳入企业价值体系中，实现企业原材料的自给自足，这可以节省大量的交易费用和采购成本，从而增强企业成本优势和盈利能力。例如，独角兽企业名创优品，其价值链与一般零售商不同的是，他们掌控了前端产品设计的环节，形成了自己独特的风格。（2）横向延展价值链，以相关多元化为基础，通过对相关价值活动进行优化整合而形成的企业商业模式。

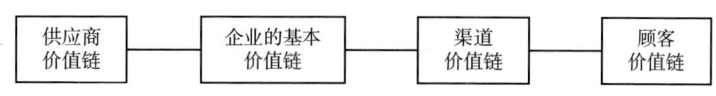

图 7-3　产业价值链

资料来源：迈克尔·波特. 竞争优势 [M]. 北京：华夏出版社，1997.

2. 价值网络视角的商业模式创新

随着个体企业间的竞争日益演变为网络组织与网络组织的竞争，价值创造活动也正逐步由个体企业的行为演变为网络成员的共同努力，建构价值网络逐步成为企业商业模式创新的重要方式之一（王琴，2011）。价值网观念超出了价值链的线性思维，将关注重心从企业利益转向网络整体，从价值分配转向价值创造。在价值网理论看来，企业不仅要与顾客、供应商、互补者之间展开竞争以获得价值（价值分配的过程），更要与顾客、供应商及互补者合作，以实现双赢并创造出更高的价值（价值创造的过程），如图 7-4 所示。

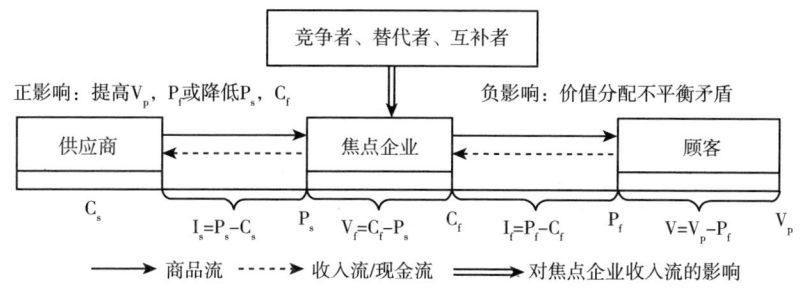

图 7-4　价值网中企业价值的实现机理

注：C_f：焦点企业成本；P_s：焦点企业产品/服务价格；I_f：焦点企业利润，$I_f = P_f - C_f$；C_s：供应商成本；P_s：供应商产品/服务价格；I_s：供应商利润，$I_s = P_s - C_s$；V_p：顾客感知利得；V：顾客价值，$V = V_p - P_f$。

图片来源：王琴. 基于价值网络重构的企业商业模式创新 [J]. 中国工业经济，2011（1）：81-90.

创业者可以通过以下方式实现商业模式创新：

（1）深刻理解用户购买产品或服务的目的，改变传统的产品提供方式，创造更有价值的问题解决方案。例如，喜利得公司的传统业务是向建筑企业提供各类高端工业电钻，但通过研究用户需求，企业发现用户缺乏对大量复杂电钻的综合管理能力，经常造成工期延误。因此客户需要的不是电钻，而是在正确的时间和地点获得处于最佳状态的电钻。基于以上分析，喜利得不再出售电钻，改为出租电钻，并向用户提供电钻的库存、维修和保养等综合服务，从硬件制造商变为服务提供商，改变了销售模式和盈利模式。

（2）通过结盟等方式联合更多参与者和更多产品，不断调整和扩增产品系列，向目标顾客提供满足其需求的产品组合，如前述小米投资多家生态链企业，不断扩充产品线。

（3）在主导产品或者服务的基础上，充分挖掘附加产品或增值产品的价值，通过主导产品与附加产品的策略性互补，实现商业模式的盈利稳定性。例如，腾讯游戏通过免费游戏吸引了海量用户，再通过游戏中的皮肤、装备等收费项目实现盈利。

（4）精确进行顾客分类，以免费顾客引流，以付费用户创造收入。例如，优酷、爱奇艺、腾讯视频等通过推出优质节目逐步实现收费用户的增长。

（5）与供应商联盟，更好地创造顾客价值。例如，国美和家电企业联盟，共享用户数据库，为家电企业研发提供大数据支持。

四、互联网商业模式创新

2015年李克强总理提出"互联网+"战略，掀起了互联网创业创新的高潮。目前中国企业在世界顶尖的互联网企业中占有一席之地。除了稳居世界500强的京东、阿里巴巴和腾讯之外，全球最大的中文搜索引擎百度、提供免费网络安全产品的奇虎360、全球最大在线票务服务公司携程、主打团购业务的美团、提供网络智能叫车系统的滴滴、提供短视频服务的抖音，都是中国互联网企业的佼佼者。这些企业的出现深刻地改变了人们的生活和产业的格局，它们无一例外是创业型企业。可以预见，伴随中国互联网行业的飞速发展和互联网应用商务化程度日趋增高，互联网行业在未来较长时间内，依然是大学生创业者的热土，因此有必要专门对互联网的商业模式创新进行讨论。

（一）互联网市场的共有特征

互联网市场有其特殊性，存在双边市场特征、基于社交关系的网络效应、低物质转移成本、消费者异质性等特点，这些特点在全球的互联网市场中普遍适用，决定了互联网企业的常见竞争模式。

1. 双边市场特征

互联网产业具有典型的双边市场特征，可从三个方面进行解读：一是存在一个双边或多边的平台结构，即同时存在两类或两类以上的用户通过平台服务发生交易或相互影响；二是处于平台两边或多边的用户存在较强的交叉或间接网络外部性，这种网络外部性通过平台内部化；三是平台对双边或多边用户的定价是非中性结构的，定价结构会直接影响平台的交易量和交易额。例如，淘宝网作为中国最知名的网络零售平台，拥有 7 亿活跃用户，每天在线商品数超过了 8 亿件，平均每分钟售出 4.8 万件商品。对于卖方，淘宝是销售商品的绝佳平台；对于买方，淘宝是满足"一站式"消费的平台。淘宝链接买卖双方，通过收取广告费、技术服务费等盈利。再如，58 同城的企业定位于为本地社区提供分类信息服务，帮助人们解决生活和工作中遇到的难题。对于物品和服务的提供者们来说，58 同城是一个信息发布、寻找商机的平台；对于消费者来说，58 同城可以快速找到自己所需物品和服务。通过为两方用户的对接制造入口，58 同城就能收取广告费用和营销费用。

2. SNS 社交关系的网络效应

网络效应是互联网产业最重要的属性特征之一，即消费者使用某一产品所获得的效用会随着使用同一产品的人数的增加而增长。达到用户基数临界值的产品会形成自反馈，从而产生用户或产品的锁定，锁定效应增加用户的转移成本，最终形成赢者得多数的局面。具有直接网络效应的产品，如早期的腾讯 QQ、现在的微信，一般都利用社会关系网络服务快速达到临界容量。社会关系网络服务，英文缩写为"SNS"，不仅是熟人之间，更包含由各种同好关系形成的圈子。例如，可以按照共同的话题、共同的爱好、共同的学习经历、共同的旅游计划等聚类，细分维度就更加多元化。SNS 满足了人们维护已有社会关系，并根据各自的需求建立或进入新圈子的需要。基于社会关系网络的产品已成为互联网产业发展的普遍基石。

3. 低物质转移成本

与传统市场不同，互联网市场的消费者通常没有或者只有很少的固定成本投入，企业无法通过货币化的转移成本来锁定消费者。但是，由于网络效应的存在，当用户通过某个互联网产品与同类用户产生联系，形成社会关系网络圈后，社会转换成本就代替货币化转化成本，成为用户放弃产品或者服务的障碍。假设用户换了一个邮箱账号，就产生需要告知其他用户的机会成本，否则会削弱以往的社会关系网络。与此类似，玩家换了一个游戏平台，以往"打怪通关"获得的勋章及并肩作战的社会关系网络也可能丧失，玩家就不愿意轻易转换产品和服务。因此互联网产业通过社会网络聚集消费者，实现"赢者通吃"的现象普遍存在。

4. 多元化的消费者

在传统产业中，消费者的个性化需求难以得到满足。因为在每个传统目标区域内，具有特殊需求的消费者数量很少，营销、配送、服务的成本往往很高，无法实现规模经济，所以传统经济推崇大规模标准化生产。但在互联网产业中，所有消费者都汇聚到一个虚拟的大市场中，世界被抹平了，不同区域具有类似需求的消费者集合到一起，小众化需求集合为一个可观的市场。因此，互联网为满足各种个性化、特殊化的定制需求提供了可能性。可以预见的是，互联网消费者的多元化特征还将日益凸显，因为消费者通过互联网找到了自己的同好，激发或者坚定了自己的个性化需求，同时相信厂商具备满足个性化需求的能力。例如，备受年轻人喜爱的APP——"毒"，专注于热门球鞋的鉴别、互动、销售，从球鞋交易扩展到互动潮流社区，聚集了一大批球鞋、潮品穿搭和潮流文化的爱好者，话题涉及球鞋、潮牌、手办、街头文化、汽车腕表和时尚艺术等，渐渐成为年轻人的时尚风向标。

（二）中国互联网市场的特点

中国有自身特殊的市场条件，中国的互联网产业发展路径并没有完全复制国际经验，具有一些独特的性质，如消费者习惯免费模式、需求价格弹性大、用户多方持有同类产品等。正是因为中国市场的特殊性，让国外互联网巨头们在中国常常"水土不服"，黯然离场。

1. 消费者习惯免费模式

与中国其他经济类型不同，互联网经济建立在免费理念的基础之上。互联网行业发展之初倡导并被坚持一个原则就是"免费"，中国大部分互联网公司在推广初期，都以免费作为吸引注意力的手段，希望通过免费黏住用户，使其在该产品和服务上驻留更长时间。像电子邮件、QQ 聊天、网络游戏等互联网本质性产品，至今还是免费提供，只有衍生和增值的功能，如大容量的邮箱、个性化的游戏人物外观、装备等才需要付费。经过多年发展，目前中国互联网收费的产品和服务越来越多，但大部分消费者对无形产品的支付意愿较低，尚未形成付费消费的习惯。以拥有 7 亿活跃用户的淘宝为例，2018 年推出了 88VIP 会员计划，优惠覆盖其众多产品。一年多过去，相对于淘宝的海量用户，88VIP 会员仍是小众群体。根据阿里公布的人群画像，88VIP 的会员主要有以下三大特征：一是高消费力，大多数年均消费金额超过 10 万元；二是高口袋宽度，什么都买，从美妆鞋包服装到牛奶家电家居几乎无所不包；三是高引领力，不仅喜欢网上购物，乐于尝试新品，还习惯分享和评论，网络活跃度高。可见，跨越区区 88 元门槛的会员们其实是深度网络化、拥有高端消费能力的优质客户。因此，如何说服高端顾客成为付费会员，争取顾客沉淀，是中国互联网企业需要耕耘的方向。

2. 消费者需求价格弹性大

中国人历来讲求物美价廉，喜欢货比三家，对价格敏感。再加上中国的知识产权保护起步较晚，中国消费者对知识产品的价格需求弹性非常大。长期习惯免费服务的中国消费者付费意愿较低，平台价格的细微变化会带来用户的极大变化。当某个互联网公司经过第一期的免费营销，在第二期准备收费时，用户可能只使用免费的基础服务甚至放弃该服务。而如果存在一家免费或者低价的同类竞争平台，消费者可能会快速流失。这样的市场环境意味着，中国的互联网企业在盈利模式上不能照搬国外经验，在收费和盈利模式上则需要另辟蹊径。

3. 消费者多方持有同类产品

中国互联网厂商在特定市场内提供的服务具有同质性，都是基于免费模式利用三级价格歧视实现盈利的，差异化策略不突出。正因为平台厂商的同质性，导致产品服务的可替代性很强。在传统行业中，由于存在货币化转移成本，消费者受到财富预算的约束，在替代性产品选择上只能作出有限选择。然而互联网产品的货币化转移成本大部分为零，在产品同质化的情况下，用户通常会多方持有多个同类产品，如同时使用支付宝和微信的电子支付功能，下载 QQ 音乐也下载虾米音乐，打车时使用滴滴出行、高德打车还是曹操专车并不固定。不仅产品和服务同质化，营销模式也很雷同。曾经红火一时的共享单车两大巨头 OFO 和摩拜，都采用派发红包、充值送周卡月卡年卡等促销方式。原本淘宝独家打造的"双 11""双 12"促销活动，也慢慢衍变成为所有电商共同参与的购物狂欢节。缺乏特质的产品看似拥有大量用户，但缺乏用户黏度。

（三）互联网商业模式的关键要素

商业模式的本质含义是如何构造企业的业务系统和交易系统，如何在业务系统和交易系统中完成价值实现、利润创造。显然，商业模式的内涵与关键控制点因行业而异。在互联网领域，企业要建立竞争优势，就要敏锐觉察需求，整合资源，谋求规模经济，不断优化顾客体验，努力探索盈利模式。

1. 第一个关键要素是创意

互联网企业的起点来自商业创意。国际互联网巨头无不高度重视员工创造性思维的培养。纵观中国互联网企业 10 余年发展历程，真正能屹立不倒、发展壮大的企业，必定具有良好的商业创意，或者模仿了国外优秀的创意。商业创意既可以是完全创新，也可以是整合创新、反向创新、模仿创新。无论是哪一种，都有不同于以往产品的新颖之处，并以此打动消费者。

采用全新的方式解决问题称为完全创新。时间回到 2002～2003 年，中国网络游戏风靡一时，但是没有方便、可靠的支付体系支撑，很多企业黯然离场。当时的盛大网络另辟蹊径，构建线上线下结合的支付方式，推出游戏点卡，线上使用，线下销售，并采用网吧渠道进行推广，创造性地解决了游戏收费的问题。

把不同领域连接在一起，称为整合创新。例如，雅虎整合了邮箱和新闻功能，腾讯整合了即时通讯和博客空间，百度整合了搜索引擎和地图。

突破现有模式逆向思维称为反向创新。互联网咖啡独角兽企业某品牌咖啡，就与传统咖啡零售企业打不一样的牌。传统咖啡零售企业纷纷打造舒适的店面氛围，不断开设分店，让消费者不是在咖啡馆就是在去咖啡馆的路上。而某品牌咖啡则是运用快速的接单和配送体系，将咖啡送至消费者所在的地方。

模仿创新则是中国互联网企业的主要发展路径，从门户、电子商务到网络游戏、即时通信，基本沿袭了美国等互联网先行企业的模式。但是，模仿创新不等于照搬，也需要因地制宜。据统计，模仿创新的总投入相当于完全创新的65%，也是创新的一种形式。中国互联网企业取得的巨大成功验证这是目前主流的创新方式。

2. 第二个关键要素是资源整合

互联网企业必须将货币资本、人力资本和社会资本进行有效的整合。众所周知，货币资本是互联网公司成功的必要条件，没有资金，任何互联网公司都不可能顺利度过创业初期的艰难时刻，业内成功的互联网公司都从风险投资融到巨额资本得以发展壮大。无论是阿里巴巴还是百度的发展过程中，都得益于风险投资的注入。但货币资本是发动机和助推器，绝不是方向盘。互联网企业的掌舵者，应该是职业经理人和专业的技术人才。

由于高科技产业的特质，人力资本是互联网公司的核心资产。人力资本在互联网产业中得到的承认和尊重是其他传统产业不可能比拟的。但投资人对于人力资本的监督和控制也一直是货币资本与人力资本博弈的核心。人员搭配均衡的团队，是互联网创业成功的基础。

社会资本提供了良好的创业环境。互联网创业在地域选择上具有鲜明特征，多选择开放度高，人才、资本、信息、资源集聚的区域，如北京、上海、广州、深圳、杭州等中心城市。这些城市的硬实力和软实力，提高了互联网创业企业的成功概率。

3. 第三个关键要素是用户

用户规模与用户黏度是互联网商业模式中不得不思考的关键词。与传统产品不同，互联网产品的边际成本不会随着规模扩大而增加，突破了传统规模经济的限制，同时，共享者数量增多也不会造成边际拥挤成本，共享行为不会对其他人的产品使用造成负面影响，反而会带来积极的网络效应。因此，用户规模大的厂商最终会赢得市场，互联网企业必须想方设法扩大用户规模。互联网产品黏性即用户对互联网产品的参与和依赖程度以及用户脱离该互联网产品的阻力程度。黏性的衡量可以看出用户使用互联网产品的频率和平均时长，用户与企业的互动频率，用户购买增值付费服务的比率等。为了增加用户黏度，就要在用户体验上下功夫，从内容吸引力、功能便捷性、社交网络广泛性等方面入手。我们来看一个现实中的例子：抖音是目前短视频领域的佼佼者。在内容选择上，企业根据目标受众研究，锁定了才艺、美食、旅游和亲子等喜闻乐见的主题，引发广泛的观看和讨论。在产品使用上，消费者进入应用程序后无须作出任何选择，一个接一个15秒的短视频就会推送到消费者面前，如果不喜欢手指轻轻一划就可以跳过。全屏幕的产品设计让用户看不到电量和时间提示，完全沉浸在短视频带来的愉悦中。而点赞功能让内容提供者和观赏者找到了连接的方式，点赞者和被点赞者都找到存在感。这些成功之道正符合我们对于用户黏度的分析。

4. 第四个关键要素是盈利模式

企业要生存和发展，就离不开收费和盈利模式的设计。当前中国互联网有5种主流盈利模式。

一靠广告盈利。这是最原始的盈利模式，早在门户时代，四大门户网站就依靠焦点图、弹窗等盈利。如今随着技术的不断进步，互联网广告形式越来越多样化，大数据让目标用户的定向越来越精准，如今日头条的信息流广告，百度的搜索竞价广告等。二靠电子商务销售商品和服务盈利。这种盈利方式与传统商业类似，主要依靠买卖的差额获取利润。三靠平台佣金抽成盈利。平台促成交易后，向商家收取佣金，就像二手车销售网站瓜子网，一头对接车主，另一头对接买车者，当交易达成时向买方收取佣金。以虎牙直播为代表的直播平台则是抽取平台上主播的粉丝打赏或者礼物来盈利。四靠增值服务盈利。基础功能免费，高级功能收费，让用户为各种会员特权、虚拟道具付费。以小米为例，硬件低廉甚至免费，但内容和服务收费，形成其完整的生态闭环模型。五靠收费类服务盈利。收费服务早已有之，家政服务、家教、导游、心理咨询等线下的收费服务在互联网时代更加多元化。产品、信息、技术、知识、内容、经验等都可以变现，樊登读书会依靠内容，阿里云服务器依靠技术，友盟依靠数据，网易云课堂依靠知识、分答依靠经验都提供了收费服务。

总之，大学生在设计互联网商务模式时必须有宽阔的视野，从企业、产业、宏观环境等多个维度来研判自身、行业与整个经济运行的方向。"不谋万世者，不足谋一时；不谋全局者，不足谋一域"，互联网企业的商业模式设计尤其如此。

本章参考文献

[1] 魏江，刘洋，应瑛. 商业模式内涵与研究框架建构[J]. 科研管理，2012(5)：107-114.

［2］亚历山大·奥斯特瓦德，伊夫·皮尼厄．商业模式新生代［M］．北京：机械工业出版社，2011．

［3］李家华．创业基础［M］．北京：北京师范大学出版社，2014．

［4］唐德淼，陈劲．商业模式的现代思维与创新路径［J］．企业管理，2020（1）：117-119．

［5］王雪冬，董大海．商业模式创新概念研究述评与展望［J］．外国经济与管理，2013（11）：29-36．

［6］原磊．商业模式体系重构［J］．中国工业经济，2007（6）：70-79．

［7］迈克尔·波特．竞争优势［M］．北京：华夏出版社，1997．

［8］王琴．基于价值网络重构的企业商业模式创新［J］．中国工业经济，2011（1）：81-90．

［9］高闯，关鑫．企业商业模式创新的实现方式与演进机理——一种基于价值链创新的理论解释［J］．中国工业经济，2006（11）：83-90．

［10］王鑫鑫，王宗军．国外商业模式创新研究综述［J］．外国经济与管理，2009，31（12）：33-38．

［11］彭志强．商业模式的力量［M］．北京：中信出版社，2013．

［12］余来文，封智勇，张继东，赵维观．互联网+商业模式的颠覆与重塑［M］．北京：经济管理出版社，2016．

［13］傅瑜，申明浩．零距离时代——互联网商业模式变革与产业生态重塑［M］．北京：经济科学出版社，2016．

［14］Zott, Christoph, Amit, et al. The Business Model：Recent Developments and Future Research．［J］．Journal of Management，2011，37（4）：1019-1042．

［15］Zott C, Amit R．The Business Model［M］．Wiley Encyclopedia of Management. American Cancer Society，2015．

第八章 创业项目路演

一、路演的概念及分类

(一) 路演的定义

路演（Roadshow）最早来自证券行业，是国际上广泛采用的证券发行推广方式。路演又称"上市路演"，是指证券发行商和承销商在发行证券前面向投资者的推介活动。路演的目的是促进投资者与股票发行人之间的沟通和交流，以保证股票顺利发行。在路演过程中，公司向投资者就公司的业绩产品、发展方向等作详细介绍，充分阐述证券产品的投资价值，让准投资者深入了解具体情况，并回答投资者关心的问题。

今天，随着经济的不断发展，各行业之间的交集越来越多，路演已经不再是证券行业的专有名词。路演作为常见的商业活动，已经成为一种市场经济下的推广艺术，使用范围扩展到产品推广、项目融资、企业品牌公关等活动中。

(二) 路演的分类

路演有多种分类方法。从形式上分，路演可分为线上路演和线下路演。线下路演通过现场活动与消费者、投资人面对面交流；线上路演通过在线视频录播或者直播、微信群、QQ群等互联网平台进行讲解和促销。从区域上分，路演可分为国内路演与海外路演。本书是根据路演的目的，将其分为以下几个类别。

1. 融资路演

融资路演是指企业根据自身的状况以及公司未来经营发展的需要，通过科学的预测和决策，借助路演向公司的投资者和债权人去筹集资金的行为。投资机构选择投资一个创业者，其实是投资创业者及其项目的未来。而未来是当下看不到摸不着的，因此创业者融资路演的重中之重就在于挖掘和提炼与投资机构共同的理念，尽量调整到与投资机构相同的思维频道上。这样做的目的就在于让双方看到属于彼此的、可共同拥有的未来。

小案例 8-1

京东 IPO 路演

2014年5月23日，京东在纳斯达克IPO成功，当日京东的发行价为每股19美元，最终实际融资30亿美元，并以近300亿美元的市值为自己业内第四的地位打下了坚实的基础。

京东在本次IPO的过程中是一个十足的大赢家。通常，初次IPO要释放一家公司20%~30%的股权，而京东本次仅仅出让了公司7%的股权到股票市场上。京东融资路演的成功主要归功于向投资者详细展示了自身优势、强大的伙伴和良好的发展趋势。在路演中京东强调自己是中国最大的直营类电商网站，在B2C电商市场排名第二，其核心优势在于用户体验以及运营效率，且该优势在行业中独树一帜。京东多次提到与腾讯的战略合作，将在流量、大数据分析、供应链等方面带来益处。京东对于中国电子商务的发展市场前景进行了生动的描述，让投资人看到了企业伟大发展的巨大潜力。

资料来源：https://tech.qq.com/a/20140524/009575.htm#p=1 京东的IPO路演带来了286亿美元的市值——这就是融资路演的魅力！

2. 产品路演

产品路演，是指企业为了促进产品的销售，通过室内、户外以及互联网等形式进行的产品（服务）推广的活动。产品路演的形式主要包括：产品展示、产品试用、媒体发布会、产品发布会、优惠热卖、以旧换新、现场咨询、填表抽奖、有奖问答、游戏互动等。相对于动辄花费巨额的广告费用来讲，产品路演的费用要低廉很多，因此很多企业都会采用产品路演的形式与消费者进行面对面的交流来宣传和推广产品。传统的产品路演一般通过音乐、舞蹈、游戏等环节烘托热烈气氛，吸引消费者观看和参与互动。为了能吸引人，路演的环境设计、主持人（路演者）的甄选、路演流程的设定都需要下工夫。随着互联网的兴起，路演的渠道多样化，企业可以通过

QQ群、微信群、直播平台等方式开展路演，但打造热烈氛围、吸引消费者的基本要求没变。回顾多年前柯达的产品路演案例，依然值得借鉴。

小案例 8-2

柯达的一次产品路演

在开始阶段，柯达选择了以电声小提琴表演来做热场铺垫，并依靠电声小提琴独特的音质、欢快的节拍和穿着时尚的演员的投入演出，迅速聚集了现场的人气，这组表演很好地诠释了数码相机这一当时非常时尚的消费产品。然后，对产品特性以及卖点非常熟悉的主持人，借助现场热烈的气氛与目标消费者进行面对面交流，对现场的把握十分到位。另外，柯达出于对观众审美倾向的考虑，在路演中特意安排了3个主持人，在每场30分钟的路演当中，男女主持人依次搭配出场，每一场展现在观众面前的都是全新的主持组合，达到了最大限度地吸引观众的目的。

为了深化、推广产品的主题以及配合现场售卖，柯达公司为现场参与路演的人群提供了腰包、雨伞、T恤，胸徽等一系列纪念品，并且为现场购买数码相机的顾客奉上了促销优惠套餐，即消费者每购买一部柯达数码相机，马上赠送当时市场价值800元的打印机套餐。这种赠送的方式也达到了进一步刺激现场潜在消费者购买的目的。

通过3天的产品路演，柯达既使其产品的优良特性得到了较为广泛的传播，也为后期提高其产品购买率奠定了较为坚实的基础，并且在路演现场就已经售出数码相机125部。这个数字与现场近300名的参与体验者数量相比，是非常理想的。

3. 招聘路演

招聘路演是指企业为了寻找到所需要的目标人才，通过线上或者线下的方式开展路演活动。传统的招聘启事发布在报纸和网站上，以文字叙述为主，缺乏招聘者和应聘者之间的互动。招聘路演则让企业的负责人、人力资源部的负责人等与应聘者面对面，传递更丰富的企业信息。线下的招聘路演，例如，"名企与你面对面"活动让企业的招聘人员现身说法，讲解企业发展情况和人才政策，现场回答应聘人的问题并收取简历，甚至实现快捷面试。电视招聘真人秀也曾是风行一时的一种招聘路演，如《职来职往》和《非你莫属》，节目中职场达人、老板和求职者现场问答、精彩碰撞，不仅展示求职者的风采，也让老板和招聘企业的特质凸显。互联网技术普及后，线上招聘路演日趋流行，已经被众多领域广泛应用。湘财证券公司联合门户网站搜狐共同进行了面向IT界的网上招聘路演活动，被视为线上招聘路演的开创者，不仅为企业增加了招聘的渠道，也开拓了新的网络盈利模式。BOSS直聘网就以此为主营业务，将即时通讯工具引入了招聘场景，喊出了"找工作，我要和老板谈"的口号，是招聘路演的新形式。

4. 创业路演

创业路演即企业或创业代表公开向投资方讲解市场预测、产品特点、团队构成、融资计划、财务预测等内容，争取融资的过程。对于大学生创业者来说，创业路演有其特殊性。首先，大学生的创业路演对象不仅仅是投资者。例如，大学生的创业项目常常通过参加比赛来不断打磨和修正，创业类竞赛中的项目展示环节即路演，目的是获得评委的青睐（少数能获得融资），因此打动评委是大学生创业路演的重要目的。其次，大学生为了争取入驻创业孵化园、获得政府相关部门提供的创业启动金，要面向创业孵化园和政府相关部门的管理者进行路演，目的是在项目PK中胜出，获得免费的办公场所、政策扶持等。本书在后续内容中主要讨论大学生创业路演的准备和实施方法。

二、大学生创业路演准备

（一）路演人员与组织

一个没有核心理念的创业团队只能是一盘散沙，路演不是创业团队中某一个人的事，而是所有人的事。路演活动必须强调全员路演的观念，所有团队全员都将共同参加到策划、组织、实施路演的过程中来。当大学生创业团队站在台上展示项目时，常常只有一两个核心成员发言和回答评委提问，其他成员全程如背景一样一言不发，无法让评委感受到团队的配合。路演应该人人参与，实现合理、明确的分工。要做到这一点，就需要在路演人员的选择上进行合理的搭配。首先，创业路演需要一个优秀的主讲人，主讲人在路演过程中是评委和观众目光聚集的焦点。同样的路演讲稿，主讲人能否顺畅、动听地娓娓道来，其效果截然不同。由于具有展示、表演的功能，主讲人应擅长演讲、形象良好、有一定的舞台经验、不怯场。笔者所指导的学生创业团队，都会精心寻找一个主讲人，或有播音主持经验，或是辩论队的高手。他们的共同点是站在台上充满自信、自带气场，语言表达清晰、背稿快速，有时间控制的能力、会临场应变。其次，应根据企业的管理职能模块进行分工，每个成员有针对性地准备战略、人力资源、财务管理、运营管理等方面的问答，预测评委的问题并准备好答案。最后，成员中还要有人负责后勤保障，如完善PPT、准备路演中需要的物品等。总之，只有团队所有成员群策群力，才能把创业路演活动组织好。

（二）路演演讲稿准备

路演的演讲是展示项目最重要的环节，在这个环节，参与者可以充分地展示出团队的实力、项目的特色，以及现有的项目进展，吸引、说服、打动评委和投资人。有些创业者觉得对自己的项目早已"了然于胸"，可以即兴演讲和发挥。但实际上，路演通常都有演讲的时间限制，要将一个创业计划阐述清楚就要权衡主次，充分利用每分每秒。演讲稿如果不经过事先打磨，稍不留神就可能因为一两句不贴切的话让评委和投资人对项目的印象大打折扣。同时，演讲稿也展示了团队的沟通能力和认真态度，一个词不达意、演讲松垮的团队显然很难说服评委和投资人。就团队自身的角度而言，写演讲稿还能帮助团队理清项目思路，对一些细节有统一的把握。因此，演讲稿的写作应引起所有创业者的重视，精心准备演讲稿是路演成功的第一步。

1. 演讲稿的篇幅

大学生创业竞赛的演讲环节通常限时5~8分钟，不能超时。面对实际投资人时，即便没有客观的时间限制，一般也要将演讲控制在15分钟以内。将时间和演讲人的语速结合（平常人的语速1分钟可按照80~160个字计算），路演所用的演讲稿应控制在1000~1500字。具体准备多少篇幅的演讲稿，建议由主讲人预演并计算时间后确定。笔者一般建议团队主讲人将预演录音，由团队成员反复聆听后修改完善，最终的版本比预定时间少5~10秒。例如，演讲环节限时8分钟，就准备7分50秒至7分55秒的演讲。之所以要预留几秒，是为了应对幻灯片播放不流畅、个别字句卡顿重复的情况。近几年，在大学生的创业大赛中，越来越多的队伍在"掐时间"上日臻完善，部分团队能做到分秒不差，这一定是前期精心准备、反复练习的结果，对于提升团队形象很有益处。

2. 演讲稿的内容

撰写演讲稿时，很多创业团队恨不得将所有内容都涉及，于是总苦恼于篇幅有限无法面面俱到。这种苦恼源于缺乏对路演的基本认知：要把几十页的创业项目书用几分钟的时间阐述清楚，必然要取舍。与其面面俱到，不如重点突出、逻辑清晰，便于听众了解项目的要点。为了厘清思路，笔者一般建议创业者用思维导图梳理项目脉络，从中逐步筛选重点，按照"一级目录不超过 7 个，二级目录不超过 5 个"的基本原则，最终形成逻辑线条清晰、环环相扣、涵盖创业计划书各大要素的演讲大纲。一级目录可包括：项目概述、产品/服务介绍、市场背景分析、竞争分析、团队介绍、盈利模式、融资计划、财务预测、风险预测等。

（1）项目概述。项目概述顾名思义，要言简意赅，用一两句话讲清楚项目在做什么事。通用句式是：本项目为某个细分市场提供某种服务或产品。换言之，明确顾客是谁，明确项目计划用何种产品或者服务满足消费者需求，就完成了项目概述。在创业比赛中，常常看到演讲充满宏大叙事，听上去商业计划非常高大上，但几分钟下来迟迟无法进入主题，听众始终搞不清楚项目在做什么。在如下小案例 8-3 中，创业团队用短短一个段落，就阐明了项目的两个亮点：一是以独特技术实现废水处理；二是废渣再利用制作符合饲料，简单明了。

小案例 8—3

"海藻废水重制高值化水产饲料"项目概述

（该项目来源于集美大学"物尽其用"创业团队）

我国海藻加工业正处于快速发展阶段，但大多数企业仍以传统的碱提酸浸法进行海藻的高值化加工，酸碱的使用带来了大量的废水。不仅企业处理成本费用高，而且环境污染影响大，废水的处理问题成为企业增收的一个难题。本项目组利用实验室独创的酶解技术代替酸碱技术解决废水处理问题，可降低企业废水处理成本 35%，创造性解决海藻加工中的废水处理问题。同时，本项目将海藻废水废渣重制为高价值的复合水产饲料，可为水产养殖户节约成本、增加收入。

（2）产品（服务）介绍。产品和服务是项目的核心，一个好的产品胜过千万种营销手段。演讲中需要把产品/服务是什么，有哪些功能，与现有产品（服务）相比有何不同之处清晰陈述。有实物的产品最佳，所谓眼见为实,可拿到路演现场展示,让评委和投资人直接体验。停留在概念阶段的产品可以做效果图展示,并且不能孤立地展示产品,要将产品的应用场景与产品融合,用具体化的细节阐述让听众仿佛身临其境。对于提供服务的项目来说,通过图画、视频来展示服务场景和服务流程,比单纯文字中表达更一目了然。在小案例8-4中,青春桥平台的服务项目用一张图来展示,配合文字解释,突出了项目的定位:校友和在校师生之间的桥梁。

小案例8-4

"青春桥"项目服务流程

(该项目来源于集美大学"青春桥4.0"创业团队)

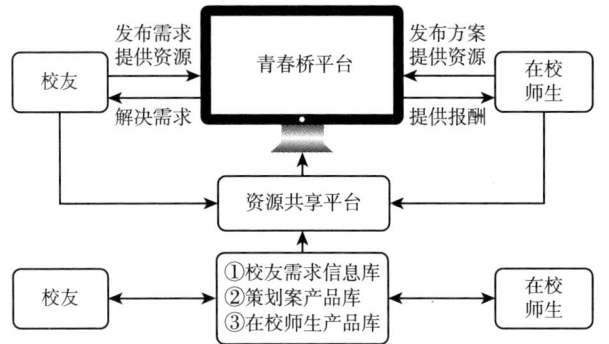

青春桥平台主要包括返校服务、平台资源共享、校园文化宣传等功能。返校服务和平台资源共享是我们的主营业务,校友可以在平台上发布返校需求,平台会聘请在校生帮助解决,对于在校生发布的优质方案平台将进行购买、收入方案库,选定方案后由青春桥团队具体执行。在青春桥平台上校友创办的企业可以提供项目或岗位,可实现校友之间的资源对接,也可实现校友与在校师生资源对接。

(3)团队介绍。创业团队有时候比项目本身还重要,投资者看似选项目,其实更是选人。如果A有一流的项目和二流的人才,B有一流的人才和二流的项目,那么投资者会选择哪个呢?一般投资者会舍A而取B,因为人才胜于项目。因此,路演的演讲稿中要强调创业团队的优势,除了计划书中罗列的行业经验、学历、职称之外,路演更要体现团队的精神面貌,让评委和投资人相信这是一支朝气蓬勃、高素质的创业团队。这涉及前面的内容,路演要通过分工让每个成员都有展示的机会,才能体现团队的凝聚力。有时候团队成员较多介绍主成员、重量级导师顾问即可,在这里不要像记流水账一样介绍所有成员,重点打造包装1~2个即可,其他的成员可以一笔带过。

(4)盈利模式。除了非营利性的公益创业项目之外,盈利模式都是路演重点阐述的部分,因为盈利模式往往意味着项目的可行性。很多创业团队在路演时喜欢大谈特谈产品的优越性,却对收费方式和产品定价一问三不知,无法取信于评委和投资人。反之,盈利方式多、盈利比例高的项目,更有服力。

(5)竞争分析。在供大于求的时代,无须面对竞争的产品和服务少之又少,竞争的激烈程度对于项目的可行性来说起决定性作用。在路演的竞争分析中,可列举一到两个主要竞争对手,客观比较彼此的优势和劣势,明确自身的核心竞争力,并据此提出未来的应对之策。在创业大赛中,有些团队只谈优势不谈劣势,或者一味强调自己的产品和服务具有独创性、没有竞争对手,以为这样就能体现项目的优越性。殊不知对于经验丰富的评委和投资人而言,如果缺乏对竞争局面的充分认识,说明市场研究没有做到位。在小案例8-5中,可以看到名为领航一号的产品,与其他三个竞争产品相比,性能好价格低廉,具有明显的竞争优势。后续的营销策略、财务预估等都基于该分析结果展开,看上去顺理成章。然而,作为一个刚刚步入行业的新企业,与市场上占据主要份额的现有产品相比,是否真的有如此多的优势呢?在竞争分析时,建议大学生创业者多挖掘项目的不足与劣势,为后续策略的制定奠定良好的基础。

小案例8-5

领航船竞争分析

案例来源于集美大学领航船项目

产品名称	领航一号	SS30	U130测流无人船	C170小型水上多功能机器人
船体材料	玻璃钢	玻璃钢	碳纤维	新型复合材料
自重	35kg	25kg	20kg	40kg
负载能力	50kg	15kg	12kg	45kg
最小吃水深度	0.12m	0.25m	0.22m	—
一艇多用	是	否	否	否

续表

产品名称	领航一号	SS30	U130 测流无人船	C170 小型水上多功能机器人
航速	1.6m/s	工作航速1m/s，最高航速2m/s	7m/s	2~4m/s
续航力	4h	3h，1m/s	7m/s，小于3h（空载）	—
操作距离	5km	遥控2km，基站5km	3km	2km
抗风浪等级	Ⅲ级	Ⅲ级海况	Ⅲ级	Ⅲ级
使用场合	内河、海洋	内河	内河	内河
价格	12万元	19万元	30万元	—

（6）财务分析。财务分析的重点是成本预算和融资计划。很多创业团队会乐观估计未来的收入和利润，展现出"漂亮"的数据，但答辩环节评委问及估算的基础，则无言以对。融资计划也是如此，过于夸大的融资计划很容易被识破，而仅限于团队自有资金的注入可能与项目的资金需求不符。路演时无须展示策划书中的完整财务报表，只要阐述需要多少资金，资金从哪里来和资金将如何使用。如果项目已经开始运营，则可附上银行流水、交税证明等财务佐证材料。小案例8-6是大学生创业书中经常出现的资本结构图，看似合理，但自筹资金从何而来，风险投资商洽谈情况如何，注册资本总额如何确定都缺乏合理解释，显得说服力不足。

小案例8-6

复合果胶脱苦酶项目资本结构

（该项目来源于集美大学"若汁含酶"创业团队）

公司拟注册资本350万元，其中创业团队自筹资金150万元，吸引2~3家风险投资商负担130万元，团队所在大学以技术入股70万元，资本结构如下：

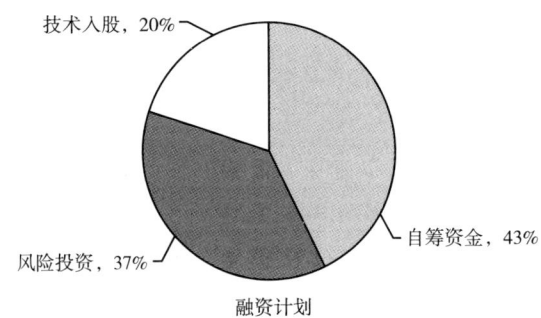

融资计划

（7）项目落地情况。项目落地情况是路演的加分项。各类路演的评委及投资人都看过无数项目，与美好的前景描绘相比，他们更想看到项目实际执行情况。样品做出来了吗？建立了哪些销售渠道？有多少订单？经过市场检验的项目，哪怕数据不耀眼，在评委和投资人眼中都是加分的，因为至少迈出了实践的步伐。大学生创业团队在路演的过程中应该用事实说话、用数据说话，切勿编造和夸大市场表现。在案例8-7中，来自集美大学的创业团队，展示了一年来的工作成效，他们通过推广改良的优秀紫菜品种，帮助苗种公司和养殖户增收，促进了当地就业。数据看似"小打小闹"，但与项目刚起步的状况相匹配，具有较好的说服力。

小案例 8-7

项目帮扶效果

该项目来源于集美大学"闽丰紫菜"创业团队

	帮扶苗种公司效果		
	年销售量	年收入	带动就业
帮扶前	2.0万亩	240万元	3人
帮扶后	2.0万亩	300万元	5~10人
	帮扶养殖户效果		
	养殖面积	年收入	每户带动就业	年产量提高
帮扶前	50亩	14万元		
帮扶后	50亩	20万元	3~4人	20%~50%

（8）其他事项。当然路演的讲稿内容不局限于这几个方面，演讲的侧重点需要根据项目的类型来选择。例如，高科技产品的路演，需要花较多篇幅叙述技术特点、专利申请情况、专业人才参与团队情况等。而以开拓独特市场、挖掘个性需求为卖点的项目，需要用较多篇幅阐述市场调研情况，论证市场容量，描绘用户画像。近年来结合红色旅游、乡村扶贫等热点的公益创业项目，则要将项目的背景、意义进行清晰的阐述。

3. 演讲稿的润色

演讲稿除了晓之于理，也要动之以情。在润色的环节，要逐字逐句修改，考虑怎么让语言表达更生动、更引人入胜、更触动情感。

演讲的开头和结尾十分关键。根据首因效应，开场白堪称路演的"形象工程"，第一分钟就要抓住听众的兴趣，让他们愿意听下去。开场白语言应简洁明了，可以提出问题，可以简述一个动人的故事，也可以描绘一个美好的蓝图。根据近因效应，结尾的部分也会影响听众对整场演讲的总体感觉，如果到最后一秒还在谈论项目的细节，那么就过于紧迫，没有为听众留下想象的空间，因此要预留出一定的时间来收尾，才能让听众意犹未尽。在大学生创业比赛中，有些参赛队伍喜欢用"因为时间有限，我们不能展示项目全貌，但项目计划书中有详尽的阐述"作为结尾，看似为路演的不足找了借口，其实很不明智。在商界，有一个流传甚广的"30秒电梯法则"，该法则来源于麦肯锡公司一次沉痛的教训。麦肯锡的负责人有一次在电梯遇见一位大客户的董事长，董事长问麦肯锡的项目负责人，你能不能说一下项目现在的结果呢？由于该负责人没有任何准备，也无法从30层到1层的30秒内把事情说清楚，最终失去了这一重要客户。从此，麦肯锡要求公司员工要在最短的时间内把结果表达清楚，凡事要直奔主题、直奔结果。大学生创业者的路演通常不止有30秒，有5分钟甚至更长的时间，完全可以将项目陈述完整。

路演靠口头表达，要避免晦涩的书面用语，多用口语化、生动化的语言，才能朗朗上口。修改的基本原则是便于听众听懂。例如，繁复的数字可以简化为整数，避免大段大段地阐述技术指标和专业术语。团队成员可通过反复的大声朗读，找出不顺畅、容易产生歧义的词句一一进行修改。在口头用语还是书面用语的选择上，没有标准答案，要根据路演主讲人的特点和项目类别进行甄选。例如，严肃的主讲人不适合用幽默的风格，如果故作幽默反而会造成冷场。传播传统文化类的创业项目，适当引用古诗古文，"文绉绉"的风格就恰如其分。

（三）路演问答环节准备

1. 预测问题

无论是创业比赛还是实际路演，在演讲结束之后都有问答环节，评委或投资人提出问题，创业团队现场回答。这个即兴进行的环节，不能完全靠临场发挥，需要事先进行准备。首先，创业者团队内部展开头脑风暴，对自己的项目"鸡蛋里挑骨头"，把可能存在的缺漏、问题一一罗列出来。其次，可找项目外的老师、企业家、同学进行模拟路演，让他们站在更客观的角度来帮项目找问题。

2. 准备答案

首先，筛选前期收集的问题，将"无厘头"、细枝末节的问题剔除，再对同类问题进行合并，最终形成20个左右的问题清单。其次，根据创业团队的分工，每位成员负责几个问题分头准备。答案初步准备好之后，再以团队讨论的形式，群策群力完善所有问题的答案。通过这个讨论的过程，确保创业团队中的每个人都统一答案的口径。

答案并非越详细越好，因为问答环节时间有限，不适合长篇大论，每个问题的答案最好控制在一分钟之内。答案力求简洁、有条理，例如，我们的产品具有三个方面竞争优势：第一是技术先进，第二是省电环保，第三是价格合理。如果有些问题暂时没有解决答案，那么就要准备一些"万金油"答案，例如，"谢谢您的提问，这个问题的确值得深思。我们团队目前还没有成熟的答案，路演结束后会好好思考。"再如，"谢谢评委的问题！这是项目策划中欠缺的地方，我们将在比赛结束中后完善。"

（四）路演PPT制作

1. 选取模板

当代大学生对电脑的运用都很娴熟，基本上每个创业团队都使用美轮美奂的模板，不少团队花钱购买模板或进行PPT美化，其实大可不必。PPT固然是演讲的有效辅助手段，但只要简洁、美观、清晰，就达到了目的。一味地追求PPT的酷炫，运用大量特效和动画，则是舍本逐末。在创业比赛中，曾有学生因为等待换页的动画而中断演讲，虽然只有短短几秒，但整个路演的流畅性打了折扣。模板的长宽比，一定要与路演现场的屏幕相符，现在大部分的屏幕为16∶9，就不宜采用传统的4∶3模板，否则实际演示效果可能与原先的设计相距甚远。总体来说，在模板的选择上实用重于美观，横宽比得当，配色不超过三种，动画特效不宜花哨。

2. 内容与页数安排

路演PPT的主要构成有封面、目录、正文和结尾。封面体现项目名称、创业团队名称和团队企业的LOGO，如果是参加比赛，则可加上比赛的名称和时间。正文部分结合演讲稿设置相应的章节，每个章节下属内容以3~5个小点为佳，做到重点突出。结尾应对评委和投资人表示感谢。PPT页数不宜过多，只要逻辑清晰，能辅助演讲就达到目的了。有些创业团队寄希望于在PPT上尽量多地展示细节，但是快速切换的PPT让观众应接不暇，重点的内容反而被忽略掉了。

3. 图表与字体

演示所用的字体建议大于30号，每个页面传达3~5个概念效果最好，便于观众理解和记忆。PPT所用字体以仿宋、黑体和楷体为佳,同个页面采用的字体不超过三种,慎用花哨的艺术字。

图胜于表,表胜于文。从视觉效果看,图表比文字更能吸引观众的眼球。一些复杂的流程用图表来表达更为通俗易懂。涉及多组数据对比或者要表达数据的变化趋势,用图表更为直观。选择的图片应该清晰美观,最好用原创图片。近年来,越来越多创业团队不满足于图片的展示效用,在路演中通过短视频展示企业形象、生产场景、客户访谈等内容,取得良好效果。小案例8-8中的图片来自一个澳洲淡水小龙虾饲养项目,该项目的PPT给评委留下深刻印象,PPT风格简洁,综合运用了图、数据和少量文字,通俗易懂。

小案例8-8

澳洲淡水龙虾养殖项目路演PPT

该案例来自集美大学学生纪雄水产创业团队

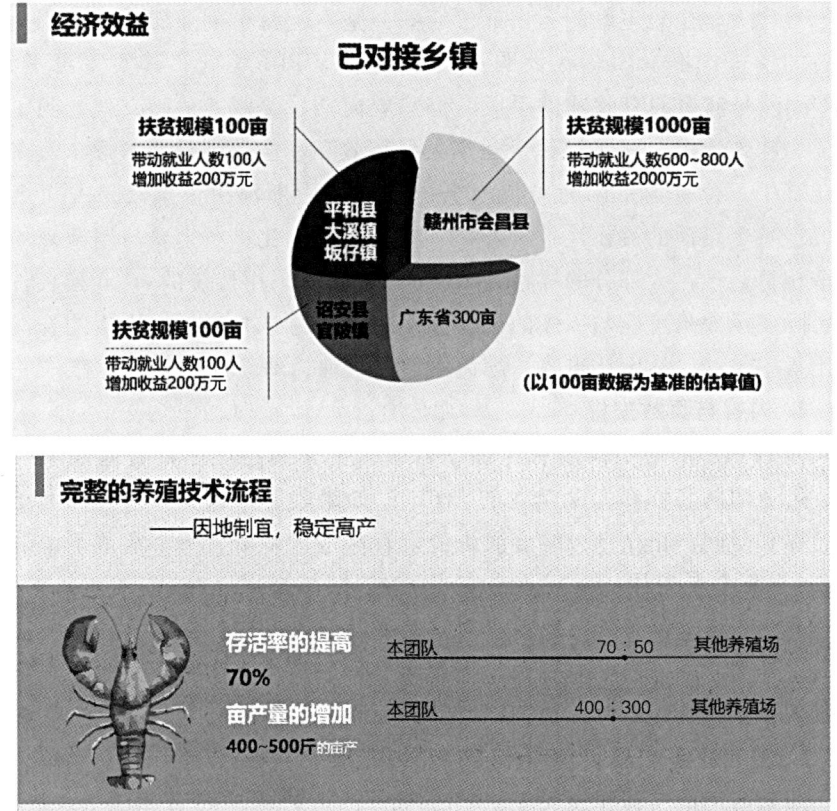

三、知名企业路演案例分享

(一) 阿里巴巴路演案例

刚刚创办阿里巴巴的马云在寻求投资时四处碰壁,后经人介绍与孙正义取得联系,并诞生互联网投资史上的一段佳话:交谈不过几分钟,孙正义立刻被马云的"热情和理想"打动,决定为阿里巴巴投入 2000 万美元的资金。就是这样一笔似乎有些冲动的直觉式投资,让孙正义和日本软银开始成为互联网投资界的神话。那么,面对投资人,马云是如何抓住这短短几分钟的路演机会的呢?

1999 年,马云开始了阿里巴巴的创业征途。这年 10 月的一天,他被安排与雅虎最大的股东、被称为网络风向标的软银老总孙正义见面。孙正义是有名的"网络投资皇帝",也是国际知名的"电子时代大帝"。他在当时联合了国内几家机构搞了一个项目评估会,打算挑选一些有潜力的公司进行投资。正是这个原因,马云有了与孙正义见面的机会。当时,项目评估会的协调人告诉马云:"你只有 6 分钟的时间能够讲解,然后大家提问题。如果 6 分钟听完了以后,大家对你没兴趣,你就可以走人了;如果对你这个话题感兴趣,大家互相提问的时间会长一点。"

如何在 6 分钟的时间把阿里巴巴的电子商务计划说清楚并让投资方感兴趣?马云的语言天赋在此时发挥了巨大的作用。据当时参与项目评估的 UT 斯达康中国区总裁兼 CEO 吴鹰回忆,他不太懂电子商务,因此对马云的讲解听得云山雾罩,但他能够感觉到马云非常有激情,而且讲解得很清楚。孙正义则不然,在听了马云五六分钟的介绍后,他就初步了解了阿里巴巴的商业模式。所以,他立即做出了投资的决定。"你们这个公司能做成全世界一流的网站,我要做,就你们这个网站有希望。"他对马云说,"马云,我一定要投资阿里巴巴。"

马云当时怎么想的我们无法得知,但我们可以从下面这些对话发现他的说话技巧:

孙正义问马云:"你需要多少钱?"

马云回答:"我不缺钱。"

孙正义问:"不缺钱你来干什么?"

马云回答:"又不是我要找你,是人家叫我来见你的。"

越是得不到的,越是想要得到。马云这种欲擒故纵的回答策略,反而进一步刺激了孙正义。临走时,孙正义请马云去日本时一定要和他当面详谈。

没多久,马云到了东京,和孙正义具体谈融资细节。一见面,孙正义单刀直入:"我们怎么谈?"这一次,马云再次利用语言技巧来达到了他的目标。他说:"钱不是问题,但你必须同意我三个条件。第一,希望你亲自做这个项目;第二,你要用自己口袋里的钱投阿里巴巴;第三,公司的运作必须以客户为中心,以阿里巴巴长远发展为中心,不能只顾风险投资的眼前利益。"

几分钟内,双方就达成协议。2000年1月,双方正式签约,软银投入2000万美元帮助阿里巴巴拓展全球业务,同时在日本和韩国建立合资企业。

【案例点评】

真实中的"路演"常常如此,没有讲台和PPT,在与投资人面对面谈话的过程中,要用很短的时间将项目的陈述得富有吸引力。机会总是留给有准备的人,创业者需要锻炼演讲能力,事先准备好不同版本、不同篇幅的演讲稿,这样在遇到投资人时才能抓住机会。

(二)"米有沙拉"路演案例

在《创客中国》这个节目里曾经来了这样一位创始人,她融资的项目是"沙拉"。她就是被著名投资人徐小平称为"沙拉女王"的王令凯,她创办的沙拉品牌叫作"米有沙拉"。为什么叫她"沙拉女王"呢?原因是她立志做全中国最好吃的沙拉,为了将主食沙拉带进中国,她游学美国、意大利、法国、西班牙、土耳其、印度、泰国、日本8个国家,边在餐馆打工,边学习当地特色沙拉的做法,并总结出了一套自己的沙拉理论。

在《创客中国》的节目里,王令凯对投资人展示了她精心准备的数据,无论是投资人的提问还是由自己讲出来的故事,她对"数据"的精确运用随处可见。例如,在开篇她介绍自己故事的时候有这样的描述:"我在大学里一天打4份工,4个月里面有3个月在外面背包旅行,回来还能考全年级第一""我花了8个月的时间出国学习做沙拉、为此我曾经去了8

个不同的国家""经过一年多的时间我们从1家店发展到了15家店,我们的管理团队也从我1个人变成了25个人"。

在投资人提问的环节,王令凯采用的是数据回应。

投资人问:"你要筹多少钱?占百分之几?"

王令凯答:"我希望筹3000万元,占10%。

投资人问:"你现在15家店的经营情况怎么样?盈利是多少?"

王令凯答:"每一家店每个月的流水都在30万元以上。净利是20%。"

投资人问:"单店投入是多少钱?单店多少人?"

王令凯答:"我们现在开一家店的投入都是在50万元左右。5~8个人。"

投资人问:"你开一家店达到盈利平衡需要多长时间?"

王令凯答:"一般是半年到八个月。"

投资人问:"关于配送,达到什么样的规模,你的配送体系才是合理的?"

王令凯答:"根据我们自己的测算,我们的直营门店达到12家以后是需要建立中央厨房的。"

王令凯在这次路演后得到了在场3位投资人的认可,最终在节目里获得了3位投资人共价值1亿元的投资意向。

2014年7月,王令凯在上海陆家嘴开了第一家米有沙拉。刚开业的米有沙拉迅速在社区蹿红,翻台率达到三四次。同时,王令凯研发了12款热沙拉。她将特定的菜品(如肉类或者海鲜)进行烹调(热炒),并加入沙拉酱调味。仅在开业后第1个月,米有沙拉便达到了收支平衡。日均客户量为300人次,月毛利达20万元。随后,王令凯继续扩张她的沙拉帝国。2015年底,上海已有8家自营店铺,全国有7家加盟店。随后王令凯拓展了产品线,开发了不同种类的三明治和饮品,并希望通过新产品提高营业额。现在米有沙拉自营店的月营业额为200万元,毛利可达75%。随着企业的扩张,米有沙拉得到了著名投资人徐小平的关注。在听到米有沙拉的发展规划后,徐小平当即拍板决定投资800万元,并将王令凯誉为"沙拉女王"。

【案例点评】

王令凯对数据的运用让人印象深刻,面对投资人的提问,不假思索就用精确的数据作答。与其将此归功于"精心准备",不如说她对项目进行了深入思考,并且切实参与了项目的实践过程,才能对各种数据了如指掌。大学生创业者如果能全情投入，有干实事的决心，真的去实践，则数据自然而然就在心中，无须特别准备。

（三）"游牧者房车"路演案例

"车对于每个男人来说都有与生俱来的吸引力，每个男人心中都有一辆属于自己的梦想之车，我的梦想之车就是这辆游牧者。游牧者就是我自创的房车品牌。对都市人来说眼前的苟且和远方的田野有时候不能兼顾，所以我希望用我的力量为每个人打造一个连接家和远方的载体。让更多人能够带着家人去旅行，在追求自由和梦想的过程中依旧能够感受到家的舒适和安全。"这是《创客中国》节目里一个叫王大鹏的创业者的开场白，他的项目是"游牧者房车"。在接下来的路演时他说目前他的游牧者房车价格是国外同类产品的三分之一，并且中国当年的房车销售量是过去十年总和的两倍，当年房车营地的建设数量是过去的五倍。这让投资人们眼前一亮，因为不论从性价比还是市场增速来说都非常具有吸引力。在介绍团队时，王大鹏对自己的描述是公司CEO和最大股东，负责品牌建设以及市场、资本相关的业务。王大鹏介绍的其他团队成员都具有自己的特长，而当投资人问他："你的长板是什么"的时候，王大鹏说："首先我爱玩儿，爱交朋友，看事情有眼光。"

实际上，在投资人看来王大鹏的长处就是沟通能力以及团队建设能力。投资人问他："你如何能把品牌运营好？有什么运营心得？"王大鹏回答："我能够组织人和资源，抓住用户需求与痛点。我对品牌的理解就是口碑和用户体验"。面对"你要打广告用什么话作为广告语"的问题时，王大鹏回答："我们有的不只是空间和想象，还有家和远方，让我们就这样一直在路上。"最终王大鹏用他的理念以及对中国房车市场的预测分析使他的"游牧者房车"项目获得了红杉资本1000万元人民币的融资，公司估值也达到1亿元。

【案例点评】

王大鹏的路演突出了项目的三个优势：一是行业快速发展的风口，二是自身产品的价格优势，三是优秀的团队。清晰简洁的演讲很快引起投资人的兴趣。他的开场白和广告语走感性路线，字里行间充满诗意，触动听者产生"诗与远方"的联想，与房车产品非常契合。

（四）特斯拉的商业路演案例

特斯拉是全球电动汽车技术的顶尖领导者，创办于2003年，总部设于美国加州硅谷地带，致力于电动汽车技术的研发与推广，通过开放专利以及与其他汽车厂商的合作，大力缩短了电动汽车的商业化进程。它的快速发展与投资人和市场的信任密不可分，但如何在短时间内，将企业的结晶成果展示给投资人、让投资人对项目感兴趣、让用户信服，这确实不是一件易事。被誉为"天才"的特斯拉CEO——马斯科（Mask）在2015年5月的一场公开的商业路演上，做了完美的展示。

马斯科一开场，就抛出了一个问题"现在什么事情让我们的消费者不开心"，并且配上了一张炙热燃烧的化石燃料影像，让投资人仿佛真能听见电影星际大战中天行者令人不寒而栗的呼吸声。紧接着马斯科举证"控制大气中的二氧化碳浓度已经到了急迫需要解决的时刻，如果再不行动，情况就会在短期内迅速恶化"。马斯科说："我们应该发挥集体的力量，去改善这件事。"显然，从现场的用户以及投资人所报以的热烈掌声，他的演讲和举证获得了高度认可。这是他路演的第一步，引用共同敌人，将投资人迅速带入路演节奏，制造出一种迫在眉睫的氛围，用适当的压力带着投资人一起思考。去思考这种新事物为什么会存在市场，人们是不是会进行购买，自己是否要立即进行投资行为。

马斯科的第二步是提出了解决问题的3个阻碍：（1）太阳能电池板产生的能源总量的日夜变化剧烈，所以电池有实质的必要；（2）很多人以为美国要摆脱石化燃料，需要耗费很大的土地储藏足够的电池，马斯科提出其实只需要德州的一个小区块就足够了；（3）现行的可用电池有7个大缺陷：昂贵、不可靠、整合不佳、寿命短、效率低、不可规模化、缺乏吸引力。正当大家处于焦虑中思考如何解决问题时，马斯科立即展示了自己的产品是如何一一解决这些阻碍。在路演的最后，光说不练是无法获得他人的信任的。马斯科揭示了一个秘密，获得了现场用户和投资人的充分信任："整座演讲厅的电力都是来自特斯拉生产的强大电池供应的。"特斯拉用实际行动消除了投资者心中最后的一点顾虑，赢得了在场投资人的充分信任。

【案例点评】

特斯拉的路演遵循了提出问题、分析问题和解决问题的基本结构。在路演的一开始，问题就被抛了出来，引起听众共鸣和思索。之后特斯拉公司分析了现有方案的不足，当人们都觉得这个问题难以解决时，隆重亮出自己的解决方案。最让听众惊叹的是告诉现场的人，你们此时就置身于特斯拉电池供电的演讲厅中，你们正在感受我们的产品！这次路演无论从逻辑还是节奏上都把握得非常精准。

本章参考文献

[1] 朱菲菲. 众筹一本通：创业、股权、项目路演与推广 [M]. 北京：中国铁道出版社，2017.

[2] 江远涛. 路演中国——互联网+资本黄金时代 [M]. 北京：人民邮电出版社，2016.

[3] 袁一峰. 商业路演：撬动资本蜕变路径图 [M]. 北京：企业管理出版社，2017.

[4] 谢和博，鲜文剑. 新三板董秘 [M]. 北京：中国商业出版社，2000.

[5] 马强. 路演兵法：资本时代企业家的必修法门 [M]. 北京：企业管理出版社，2015.

[6] 沈宇庭. 融资路演，讲好故事——快速打动投资人的融资技巧 [M]. 北京：中国经济出版社，2018.

第九章　创业风险与防控

　　世界上没有永远的成功，行业中的翘楚在创业之初，都经历过千辛万苦。即便是企业步入正轨之后，也不是一劳永逸，威胁与危机随时可能出现。例如，宏观经济环境持续低迷，市场消费能力随之下降；自然灾害让企业蒙受财物损失；疫情之下众多行业举步维艰甚至停摆；政策的变化让企业面临痛苦的转型；消费者纠纷让品牌声誉跌入谷底；合作者背信弃义等。市场的复杂性和不确定性，让风险成为经济活动的常态。创业是一件有风险的事，尤其在顺风顺水时，创业者更要时刻保持警醒，危机可能就潜伏在前方。每一个大学生创业者都应该在思想上增强风险意识，提前做好相应的措施。只有做到防患于未然，才能减少风险，即便风险真的来临，也能从容应对。

　　大学生创业投身创业实践，与企业家创业、海归人员创业、农民工返乡创业、退伍军人创业不一样，有其自身特点：大学生人生经历单纯、社会阅历少、人际网络支持力度小，创业资源有限，商业经验缺乏，心理承受能力较弱等。他们在创业道路上所面临的风险因素更应该引起重视，既要认识到风险在创业的过程中客观存在、无法杜绝，更要密切监视风险并将损失控制在可接受范围内。

一、大学生创业风险的定义

　　"风险"一词由来已久。相传在远古时期，以打鱼捕捞为生的渔民们，在长期的捕捞实践中深深地体会到，有"风"就意味着有"危险"。因此每次出海前渔民们都要祈祷，祈求神灵保佑自己在出海时能风平浪静、满载而归。现代意义上的"风险"一词，已经大大超越了自然环境中的"风"和"危险"的含义。1921年，美国经济学家奈特在《风险、不确定性和利润》中对风险下了开拓性的定义,这是最早对风险进行学术上的定义。奈特认为,风险是可测定的不确定性,是指即使经济主体掌握的信息充分,却难以对未来可能出现的各种情况给定一个概率值。这个定义揭示了风险的核心含义是不确定性,从经济领域来看,不确定意味着可能获利(正利润)、损失(负利润)或者无损失也无获利(零利润)。

创业是发现、创造和利用商业机会,组合生产要素并创造价值、创立自己的事业以获得商业成功的过程。大学生创业风险是指由于创业外部环境的不确定性和复杂性,大学生创业者及创业团队能力的有限性等问题而导致创业活动偏离预期目标的可能性。由于创业目标通常是正面的、积极的,理想的状态,偏离就意味着失败和损失。本章将更多地从不确定导致损失的角度进行阐述。

二、创业风险的类别

要规避创业风险,首先要知道风险的种类,才能有的放矢,运用科学的程序防范。创业风险的分类方式有很多:按风险来源的主客观性划分,可分为主观风险与客观风险;按风险影响程度的范围划分,可分为系统风险与非系统风险;按风险的可控程度划分,可分为可控风险与不可控风险;按创业的过程分类划分,可分为机会的识别与评估风险、团队组建风险、确定并获得创业资源风险、准备与撰写创业计划风险、创业企业风险;按风险内容的表现形式划分,可分为机会选择风险、环境风险、人力资源风险、技术风险、市场风险、管理风险、财务风险。本书不对每种分类展开赘述,只阐述大学生创业过程中最常见的四种风险。

(一) 市场风险

市场风险是指大学生的创业项目因市场定位不准确、不能及时适应市场变化或在与行业原有企业的竞争中处于下风而产生的风险。大学生的创业活动始于对市场的观察和判断,"市场"是大学生创业者在创业实践中考虑一切问题的出发点和落脚点。市场的运行有自己的一套规则,需要的不仅仅是创意与设想,更需要对市场需求与供给的深度剖析,特别是要充分考虑到市场的瞬息万变。许多大学生创业者容易犯的错误就是对市场信息和产品信息缺乏必要的了解,在信息不足的前提下,过分乐观地估计了市场的需求,盲目地开展创业项目。等产品和服务推出后,大学生创业者才发现原来市场竞争如此激烈,自己在竞争中并不具备优势。此外,在企业经营的过程中,市场瞬息万变。产业政策、产品价格、汇率、利率、供求关系等因素的变化时刻都在发生。大学生创业者缺乏商业实战经验,对市场变化的反应相对滞后,很难把握市场节奏。以大学生创业者青睐的校园创业项目为例,校园产品代理因其门槛较低、技术含量较少成为大学生创业的首选,中介服务凭借准入门槛较低、成本低成为校园创业项目的第二大类。这些看似容易起步的创业项目,无一例外都面临着激烈竞争,真正能持续做下去的项目少之又少。

(二) 财务风险

财务风险是指由于多种因素的作用使企业不能实现预期的财务效果,从而产生经济损失的可能性。大学生创业中的财务风险主要表现在创业资金筹措和财务管理两个方面。一方面,企业只有拥有了足够的资金,才能保证经营的稳定性,可以满足生产、投资等方面的需求。大学生创业者在创业初始阶段面对的首要问题是资金能否筹措到位,相当多的企业会在创办初期因资金紧缺而严重影响业务的拓展,甚至错失商机。目前大学生的创业资金大多来源于家人、亲戚、朋友和团队自身,少量来自创业基金支持、银行贷款或者天使投资,能争取到风险投资的项目占比很低。即便企业创办起来后,还是需要足够的资金保证企业正常运营,而后续资金很难保证,经常会出现资金链断裂的情况,项目也就无以为继了。另一方面,财务管理具有专业性,大部分大学生创业者并非财务管理类的学生,缺乏财务管理知识和经验,在企业创办初期也不可能在财务制度建设方面投入太大的精力,导致财务管理不严格、财务制度不规范,财务管理水平低,在遇到日常开销过大、产品销售不对路、客户账款拖延支付等问题时,就可能因为资金周转不灵,造成资金链断裂。

(三) 团队风险

创业团队风险的产生是由于团队成员在个人利益、追求目标等方面不一致或个人与集体愿景相矛盾而导致团队成员冲突甚至团队解散的风险。理论上，创业团队应该是才能互补、责任共担、愿意为共同的创业目标而奋斗的人所组成的特殊群体。现实中，大学生创业者在组建创业团队时，不可能像公司招聘员工那样"广纳贤才、择优录用"，他们往往是从身边熟悉的同学、朋友中寻找有创业意向的人员，选择余地窄，随意性较大，拉人"入伙"的现象比较常见。这种模式下搭建的团队，其成员年龄、知识、经验相似，存在人力资本同质化的问题。再加上团队成员创业动因各有不同，创业经验普遍缺乏，未能事先严格、细致讨论确定合作规则，也没有权力边界、责任边界和利益边界的划分。其结果是：创业遇到困难时，团队不能同舟共济；稍有收获时，又可能为了争夺利益反目成仇；决策时谁也不服谁；有冲突时感情用事，说散伙就散伙。而如果核心团员突然离职，会造成公司业务无法正常开展，损失是难以估量的，有时甚至会导致公司一蹶不振。

（四）法律风险

国际律师协会（IBA）将企业法律风险定义为：企业因经营活动不符合法律规定或者外部法律事件导致风险损失的可能性。从定义可以看出，企业法律风险有两种情况：第一种是企业的经营活动不符合（违反）法律规定；第二种是发生了可能造成损失的法律事件，这里的损失除了经济损失之外还包括损害企业声誉等负面结果。大学生创业者普遍缺乏法律专业知识，防范法律风险的意识较低，在没有主观恶意的情况下遭遇法律风险，常见的情况有：合同订立中的法律风险、知识产权方面的法律风险、财务方面的法律风险和劳动人事方面的法律风险。

1. 合同风险

合同法律风险指在合同订立、生效、履行、变更和转让、终止及违约责任的确定过程中，合同当事人一方或双方利益损害或损失的可能性。合同的内容是双方当事人的真实意思表示，对双方当事人均有约束力。大学生创业过程中可能需要签订各种合同，若合同的权利义务、违约责任及争议解决等重要条款约定不明，将可能导致合同得不到有效履行。例如，有一名大学生创业者签订了办公场所的租赁合同，后来发现对方并非场所产权人，订立的合同在法律上不成立，团队前期投入的装修费用浪费了不说，还耽误了创业的进程。还有一个大学生创业者容易忽略的问题是企业注册，总觉得无所谓或者怕麻烦，迟迟不去办理。实际上，只有进行了工商注册，大学生创业者在承接业务时才具备签署合同的资格，也才拥有了法律保障，案例9-1就反映了大学生创业者因为没有进行工商注册而错失商机的情况。

案例 9-1

大学生创业怎样不吃哑巴亏

节选于中国青年报2014年11月29日报道

"任总，你好！"以往同学们略带调侃地称呼任哲时，刚刚21岁的他有些害羞。前几天，这名南开大学艺术设计系三年级学生，正式将自己的创业团队"拾光南开"注册了公司，成了名副其实的"任总"。然而，公司注册这件再寻常不过的事，在此前7个多月里，都被他忽略了，直到不久前眼睁睁地失去一笔"大单"，才让任哲下定决心注册公司。

"拾光南开"团队的主打产品是文化创意设计。团队成立以前，他们的设计作品就已在圈子中小有名气。不久前，天津某大型购物中心慕名找到任哲，希望请他的团队设计公司年会使用的包装袋、贺卡、纪念品等，并开出了近6万元的报酬。与以往一两千元的"小活儿"相比，这笔订单让整个团队兴奋不已。问需求、聊创意，一切沟通环节都很顺畅、愉快，直到最后签订合同，任哲皱起了眉头。对方要求审验"拾光南开"的"三证"，即营业执照、税务登记证、组织机构代码证，并要求提供一个对公账号，以便支付费用。这些要求，任哲一个都满足不了。对方迫于严格的财务审批制度，只能放弃与"拾光南开"的合作。

任哲这才意识到注册的重要性，在学校的帮助下，他认真咨询了相关流程、手续和法律法规，到南开区工商部门正式办理公司注册手续。由于名字中的"南开"属于地名，按照相关法规不能注册。最终，任哲选择了"拾光艺汇"作为新名字。"虽然麻烦一点，但是正规了！"任哲说，"现在想想，以前给人做设计，真是一点保障都没有。人家拖着不结尾款，有时候就是白做了。你能怎么办？只能吃哑巴亏。现在不一样了，是有法律保障的。同时，公司也要承担相应的责任。"

这位年轻的总经理，正在认真思考公司的发展蓝图。与以往不同，这次他把聘请法律顾问作为一件重要事项纳入规划。

2. 知识产权法律风险

知识产权风险，是指知识产权在创造、保护、运用、管理环节，出现知识产权侵权、泄露、流失、价值的减少等一系列现象，大多指知识产权侵权风险。大学生创业过程中涉及的知识产权主要有专利、商标、商业秘密三类，风险的出现可能源于侵犯他人知识产权引发诉讼，也可能因为被他人侵犯知识产权引发损失。创业起步阶段，一些大学生创业者知识产权意识淡薄，以产品模仿的方式开始创业，用知名动漫形象做自己的形象宣传，在网上下载图片作为企业宣传页等，不经意间涉嫌侵犯权利人的产品专利、商标权和著作权。还有一些大学生创业者拥有技术创新的产品，但缺乏知识保护意识，没有及时进行商标注册和专利申请，不得不面对被山寨商品挤占市场的窘境。案例9-2的主角李恒具有知识产权意识，他的技术成果获得了国家专利，但是在创业过程中屡屡被侵权，在维权的路上举步维艰，很值得大学生创业者思索，该如何更有效地保护知识产权。

案例 9-2

大学生创业者专利维权何去何从
节选于中国青年报 2017 年 6 月 21 日相关报道

一个大学生创业公司的专利维权案，登上了 2016 年武汉市保护知识产权十大典型案例。这家被侵权的公司名为武汉毳雨环保科技有限责任公司，核心技术是由武汉科技大学学生李恒 2012 年在校研发出的一种"高空喷淋降尘系统"。该系统通过将水雾化进行高空喷淋，吸附工地现场空气中的灰尘颗粒和杂质，达到润湿地面和防止尘土重新扬起的效果，改善城市环境。武汉市建设科学技术委员会曾专门组织评审，认为该技术成果属国内首创。依托该成果申请到的国家专利，李恒在校开始了创业。

2016 年 8 月，毳雨公司销售人员发现武汉某环保公司制造了模仿该专利技术的塔吊喷淋装置，并销售给两家公司共 6 套设备，在武汉某大桥和某地铁工地投入使用。为此，毳雨公司以涉嫌侵犯其专利权为由，向武汉市科技局（知识产权局）申请立案。经调查，武汉市科技局（知识产权局）认定毳雨公司被侵权。结果是，侵权企业一次性赔偿毳雨公司 2.8 万元。

侵权企业一共销售了 6 套设备，每套市场售价 4 万元。李恒在采访中说："依照专利法规定，根据侵权人因侵权获得的收益和处罚标准系数测算合计，至少要赔偿我们30万元以上。"可提出这一要求后，对方就一直以"没钱"等理由拒绝赔偿。李恒无奈之下只好一步步妥协，"当面交涉了不下6次，可还是一直谈不拢"。从去年8月一直拖到年底，对方才答应赔给2.8万元。"他们说就这么多，如果不要尽管去法院告。"李恒一打听，知识产权局只具备行政权，只能认定是否构成侵权，没法核定具体金额并判赔。通过法院走司法程序维权并强制索赔，则至少需要6个月，时间长，还要聘请律师，花费更大，迫不得已他们只好接受，"毕竟能赔一点算一点，有总比没有好"。

2017年1月，毳雨公司收到侵权企业的一次性赔付款2.8万元。但这不是李恒的公司第一次遭遇专利侵权。"至少遭遇过5起。"李恒在维权之路上备尝艰辛。2015年，河南省安阳市一家建筑企业涉嫌侵犯毳雨公司专利权，产生专利侵权纠纷。"我亲自跑了3次，公司人员前后去了不低于6趟，花了5个月进行取证和维权申请。"李恒说，随后该市知识产权局进行多次调解，但双方未达成一致。只能认定该企业行为构成侵权，拆掉了设备。2016年1月，河北省邯郸市一家建筑企业涉嫌侵犯毳雨公司专利权。毳雨公司花了3个月取证、申请维权协调，结果同样还是只能认定该企业侵权，拆掉设备。这连企业基本的维权成本都没法弥补，更别谈带来的经济损失了。

3. 财务风险

这里所说的财务风险主要指大学生创业者很容易把自己的财产与公司的财产混同，没有独立公司财产，认为自己是老板，"我的钱就是公司的钱，公司的钱就是我的钱"。按照法律规定，有限责任公司的股东以其认缴的出资额为限对公司债务承担有限责任。但如果出现个人财产与公司财产混同的情形，将会突破有限责任的承担方式，这时股东可能需对公司的债务承担连带责任。

4. 人力资源治理法律风险

从招聘、签订劳动合同、员工的待遇问题直至员工辞职，企业人力资源管理的各个环节都有劳动法律法规的约束。企业不恪守法律的行为会给企业带来劳动纠纷，并造成声誉上的不良影响。此外，涉及商业机密、技术机密的员工，如果没有签署保密条款和竞业限制条款，那么一旦员工离职，企业就会面临商业机密泄露的风险。

三、创业风险识别

大学生创业者和企业会面临许多不同类型的潜在的风险,识别风险是管理和规避这些风险的第一步,它是指企业依据创业活动的迹象,在损失的可能性变为现实性之前,运用各种方法系统地、连续地认识组织所面临的各种风险以及分析风险发生的概率、前提及后果。新创企业周围的创业风险多种多样,这些风险在一定时期和特定条件下是否客观存在、存在的条件是什么,以及损害发生的可能性等问题,都是风险识别阶段应该回答的问题。

(一) 创业风险识别的主要步骤

1. 信息搜集

通过实地调查、访谈、现场考察、文献搜索等途径尽可能多地获取知识和信息,为风险防范提供信息基础。例如,研究行业龙头企业的风险防范措施;搜索同行业、同类型、相同发展期的其他企业风险管理失败的案例,寻找导致失败的风险因素;搜集业内同类企业的经营数据,描绘行业常规运行动态曲线,与自身企业进行对比。

2. 信息评估

根据收集到的信息,罗列出所有潜在的风险因素,运用定量分析、定性分析、假设、模拟等方法,进行风险影响评估,预测可能发生的后果。例如,投资一旦失误,可能造成多大损失;贷款一旦无法收回,会产生多少影响;资金周转出现不良,对正常经营会造成哪些影响。如果团队成员没有评估风险的能力,应求助老师、创业专家、管理咨询机构等进行信息处理,根据行业和项目的特性,确定一级风险因素,再逐步细化,延伸出二级风险因素乃至三级风险因素,最终形成创业项目的风险指标体系。

3. 计划拟订

提出风险处理的方法和行动方案,可分为事先预防和突发风险处理方案两种类型。事先预防的措施,例如,为了应对意外事故,进行财产投保;为了减少财务风险,以租赁、代替购买设备;为了减少研发风险,寻求研发合作者共同分摊成本。突发风险处理方案则包括建立事故处理应急小组、确定事故处理流程、制订事故处理预算等。

（二）创业风险识别的方法

1. 环境分析法

环境分析法是指以环境为对象进行分析，发现机会和威胁，区别优势和劣势，把握不确定性和变动趋势，明确相互作用和影响，找出环境中可能引发风险的要素。在宏观环境层面，要分析对创业项目发展有影响的社会、文化、政治、经济和技术等要素的变化趋势；在行业环境层面，要分析投资者、消费者、供应商、政府部门和竞争者等利益相关者构成的生态系统；在微观层面，要对企业资源、管理团队、竞争能力等信息进行评估。通过综合宏微观环境分析的结果，提供一套系统的、有关创业内外部环境的风险信息。

2. 现场观察法

现场观察是大学生创业者识别风险最直观的方法。通过直接观察企业的各种设施及进行的各种操作，创业者能够深入了解企业的活动和行为方式。在视察现场过程中，大学生创业者可与员工进行面对面的交流，从一线员工那里获得潜在风险的信息。

3. 专家调查法

利用专家的经验、知识和能力，发挥专家的特长，对风险的可能性及其后果做出预测。该方法由专业的风险管理人员逐一列出该企业、单位可能面临的风险，并根据不同的标准进行分类。专家调查法的基本步骤是：选择主要的风险项目，选聘相关领域的专家；专家对各类可能出现的风险进行评估、打分；收集专家意见并整理分析，再将结果反馈给专家；把专家的第二轮结果汇总，直到比较满意为止。专家调查法是一种重要而又广为应用的风险识别方法。

4. 财务报表分析法

财务报表能够全面反映企业的财务状况、经营成果和现金流量情况，做好财务报表分析，可以科学评估企业的经营情况，发现潜在风险。为了更好地评估企业的偿债能力、盈利能力和资金运营能力，要将当期和前期的财务报表进行比较分析，分析财务指标变化的趋势，判断这种变化的性质是有利还是不利。除了纵向比较外，横向比较也不可缺少，可将本企业的财务指标与行业标杆企业或行业平均值进行对比，寻找差异，分析差异产生的原因。

5. 流程图分析法

梳理企业的业务活动和管理活动流程，用可视化的方法绘制成为流程图，针对流程图中的每一阶段、每一环节进行调查分析，明确所有流程是否符合国家相关管理规定，是否符合行业运作常规，是否存在漏洞。将可能出现的故障点标注出来，研究故障发生的前提、涉及的环节和部门。

四、创业风险防范

（一）防范市场风险

在决定创业前，创业者首先要学习创业和管理知识，从而有能力对行业和市场进行详尽的研究，准确地预测市场前景、把握市场定位、了解市场动向。要选择有市场潜力的项目，尽量避免走下坡路的行业，但也要避免盲目跟风，应结合外部环境和自身情况谨慎进行项目选择。创业计划开始实施后，也不能放松对外部环境的监控，应每天阅读财经新闻，有意识地搜索业界标杆企业和知名企业家的新闻报道，查看行业协会统计报告，从而及时把握世界经济发展环境、国家经济政策、行业发展的动态。

（二）防范财务风险

在资金筹集上，大学生创业者应细致进行成本核算和财务筹划，综合运用大学生创业贷款、竞赛奖金、天使投资、股权投资等融资方式，多方筹集资金，确保项目的实施。在资金使用上，一方面完善采购制度、出差制度、报销制度等，就算购买文具、打车、餐费等小金额支出，也要严格审批，对所有团队成员一视同仁。另一方面要压缩固定资产投入，减少铺张浪费，将有限的资金用在刀刃上。在来往款项管理上，应严格区分个人账户和公司账户，严格执行公司经营性往来款项只汇入公司账户绝不汇入个人账户，保证个人日常生活必需品绝不从公司账户支出。

（三）防范团队风险

大学生创业者在组建团队之前，要设法围绕团队稳定性提前做足准备：一是要打开选人思路，从有利于组建多元化知识背景团队的角度有针对性地物色志同道合的"合伙人""核心成员"。团队成员之间志趣相投、能力互补、性格相容对于规避创业团队风险显得极为重要。二是要以书面形式确定一个清晰的责权利分配方案，明确出资方式及期限、利益分配、人事安排、对外授权、项目发展规划等重大事项上有关成员的责权利，制订好游戏规则。三是要保证成员间的沟通顺畅，能够进行持续不断的沟通。

（四）防范法律风险

大学生创业者在订立各种合同之前，要对合同签署方及合同标的物进行审查。首先，确认对方是否是完全民事行为能力人，可通过看其身份证知道其年龄情况，通过与其的交谈大概判断其精神智力状况。其次，谨慎查验对方是不是合法产权人或代理人，确保与其签署合同具有法律效力。大学生创业者还应当保证合同内容条款具体明确且内容真实合法。可通过相关行业部门网站下载对应的格式合同，保证合同的必备条款没有遗漏。然后再根据双方交易的实际情况以及双方的特别约定等进行补充和完善。如果是对方提供的合同，除了仔细审查一般合同条款之外，需要特别重视涉及双方权利义务、违约责任以及争议解决等重要条款是否作出明确的约定。合同签订后，要对合同实施的过程进行严格的监督，避免违约。

大学生创业者应全面提高知识产权的保护意识，完善企业的专利布局，以技术研发为核心竞争力的创业企业可以聘请专人从事专利申报工作，不具备条件的可委托专利代理机构代为办理。提前做好商标的申请工作，商标申请类别尽量全面覆盖公司现在和将来可能从事的业务类别，防止商标被别有用心者抢先注册。控制商标名称、设计图样的知情人范围，要求核心员工、外部设计师等知情人员遵守保密义务，避免泄密。在保护好自身知识产权的同时，也要避免侵犯他人权利。如使用网络图片时，不要删除他人署名或者水印，并尽量在专门提供免费图片资源的网站选取图片。在委托他人设计平面广告、印刷宣传资料时，企业应当和设计公司签订书面合同，合同内容应当包括完备的知识产权条款，避免使用侵犯他人版权的素材，约定相应法律后果的承担，用以规制侵权法律风险。

大学生创业者需要建立起一套相对完善的内部岗位管理制度或员工管理手册，使管理有依据、行为有准则。严格遵循《劳动合同法》的相关规定,及时与员工签署劳动合同,就培训协议、竞业限制条款等进行事先约定,如接受企业培训后应合理延长服务期,为签署竞业限制条款的重点员工给予相应的费用补偿。

本章参考文献

[1] Knight. F. Risk, uncertainty, and profit [M]. Chicago IL:University of Chicago Press, 1921:52-55.

[2] 郑彦云. 大学生创新创业能力培养 [M]. 广州:暨南大学出版社,2017.

[3] 李越. 大学生创业思维与实践 [M]. 北京:北京大学出版社,2019.

[4] 张胜前. 大学生创业指导 [M]. 北京:国防工业出版社,2010.

[5] 李肖鸣,朱建新. 大学生创业基础(第2版)[M]. 北京:清华大学出版社,2013.

[6] 李德平,臧德彦,游艺. 大学生创业基础教程 [M]. 北京:高等教育出版社,2017.

[7] 李靖云. 创业大潮中的法律风险防控 [N]. 南方都市报,2016-01-10(19).

[8] 张武军. 大学生创新创业中的知识产权问题研究 [J]. 科技进步与对策,2014(23):175-177.

[9] 李一. 大学生创业风险控制机制研究综述 [J]. 经营与管理,2015(3).154-157.

[10] 何春蕾. 大学生创业风险规避的探索 [J]. 高教论坛,2012(9):105-107.

[11] 王飞. 大学生创业风险管理能力培育研究 [J]. 教育发展研究,2016(13):35-41.

[12] 于兴江. 对企业法律风险概念的再分析 [J]. 新西部(下旬刊),2010(9):114-115.

[13] 吴军辉. 大学生创业怎样不吃哑巴亏 [N]. 中国青年报,2014-11-29(01).

[14] 胡林. 大学生创业者专利维权何去何从 [N]. 中国青年报,2017-06-21(05).

[15] 胡神松,赵伟红. 大学生创业期知识产权风险教育理论与实践 [J]. 学校党建与思想教育,2018(1):91-93.

[16] 周文光,李尧远. 吸收能力、知识产权风险与产品创新绩效 [J]. 科研管理,2016(6):111-119.

第三篇

案例——大学生创业看上去很美

第十章 "Who" 案例群

一、我是创业者

案例 10-1

牧野行歌·共享自然社区

牧野行歌创始人林蔚芳

2016年6月，还在厦门大学读在职研究生的我结束了房地产上市公司的八年职业生涯长跑，从集团投资部总经理的岗位上离职，随后便作为厦门大学的选派生参加 Global MBA and Leadership Program，赴法国、德国、韩国游学，完成研究生期间的最后课程。从国外游学回来后，我以一名乡村志愿者的身份进入厦门西坑村、参与一个乡村志愿服务项目，那时正值莫兰蒂台风过后。那也是我第一次深入地走进故乡之外的村庄，第一次认真地思考"我能为乡村做点什么呢"。

我的故乡是闽北的一个小山村，儿时跟外公外婆、爷爷奶奶在村子里的成长记忆一直陪伴我至今。在面对一次又一次人生困境和艰难选择时，是儿时的成长记忆一直在影响着我去寻找自己"是谁""要成为谁"。乡村是长在大自然里的家园，那些石头、夯土或木结构的老房子就像是从土里长出来的，就是大自然的一部分。雨后的老房子会有特别的气味，就像雨后的森林在呼吸。我们的祖辈和我们这代人对故乡、对土地的眷恋，是流淌在血液里、让我们即使散落天涯也不惧漂泊的栖地所在。然而，如果我们的孩子都无法选择地要在城市中长大，面对他们成长中所缺失的"故乡、故土""被大自然深深拥抱"的那部分，我们又能做些什么呢……

2016年底，我组建合伙人团队开始了创业征途，我们一起从南到北、从沿海到内陆，像做田野调查般走访考察了数十个村落与生态旅游项目

（遍及浙江、福建、广东、广西、云南、四川、湖北、河南、香港、台湾等地），同时与民宿、文创、生态农业、社区营造、乡村建设等领域的团队与专家学者学习交流。在轰轰烈烈的城市化浪潮下，城市的飞速扩张的另一面是乡村的日渐凋敝。我们一边思考"乡村正在发生什么？它需要什么？我们能做什么？"，一边思考"如何用商业的方式实现公益？如何让乡村项目具有持续的生命力？"。

2017年12月，我们获得了天使投资（180万元），并决定将项目选址为厦门汀溪五峰村。曾经的房地产行业从业经验为我们创业项目选址提供了非常重要的商业经验与专业支持，而将近一年的乡村走访考察也为我们积累了宝贵的一手信息。我们认为，乡村应拥有更多可能，而不只是旅游消费地；乡村应是有邻里守望相助的家园，那里有孩子们成长的沃壤，更有生活之所在。我们把项目定位为"共享自然社区"，并创建基地项目品牌"牧野行歌"，扎根于乡土中国。我们在山泉水汇聚而成的小溪边打造生态农场和营地，跟村民们一起造桥铺路，将村民闲置的民房改造为研学驿站，将几近废弃的古厝利用为上课的私塾并在古厝里举办画展、诗歌雅集等活动，同时充分利用森林、小溪和云顶山脉一带丰富的自然资源，打造自然成长教育基地，营造乡居生活社区；我们一方面汇聚各行业影响力人才，组成"行歌达人"社群、参与社区营造；另一方面吸纳城市家庭成为"行歌社员"，凝聚为社区最坚实的支持者与建设者，重新定义Community。我们同时创建教育品牌"知了世界"，一方面依托于"牧野行歌·共享自然社区"研发设计并实施面向亲子、儿童和青少年的自然成长教育课程，聚焦孩子身心内在成长，将生命教育、生态教育融入生活，在周末带领孩子和家长们体验二十四节气主题课程和田园耕读生活，在节日和寒暑假开展自然文学营、绿色建筑营、自然诗画营、自然成长营等主题营队课程。另一方面，我们为学校带去环境教育公益课程，走进更多的村子、驻地设计环境教育公益课，并跟当地机构合作设计并开展自然成长教育课程，同时带去我们原创设计的"Nature-based Co-living""Nature-based Co-learning"主题活动，营造内容丰富的乡居生活，让更多人与乡村、大自然产生情感连接，让更多元的资源在乡村汇聚。

自2018年10月牧野行歌·共享自然社区开放以来，我们陪伴、见证着上千名孩子的成长，而大人们也得以在这里洞见天地、照见自己。2018年12月，牧野行歌·共享自然社区受邀参加"第十五届中国厦门人居环境展示会"，亮相主展区，为城乡融合的人居创新实践代言。2019年至今，牧野行歌·共享自然社区一方面作为自然成长教育基地持续开展小班精品课程（每期课程人数控制在20人以内），另一方面作为乡居生活社区通过开展主题活动吸引各类人群汇聚乡村、体验素人版"向往的生活"，同时也成为各类优质资源的聚集地，不断酝酿、生发新的可能。

创业至今三年多来，团队规模经历了快速扩张与缩减的跌宕，主要问题源于对项目进展与市场需求的预判过于乐观。我们理性面对2018年底资本市场退潮后的寒冬，在摸索中不断调整节奏，放弃第二轮融资，放缓牧野行歌·共享自然社区项目二期建设，暂缓古厝改造工程，选择基于项目已有规模做经营内容的尝试与持续优化，通过内容传播与吸引目标客群，做好打持久战的准备。我们潜心专注于高品质的课程与活动研发设计与实践，逐渐吸引到越来越多理念相契合的稳定的机构合作方（拥有高质量客群、负责市场推广与招募），确保课程与活动开展频次，使得项目第一年基本实现现金流的自平衡，即使2020年新冠肺炎疫情期间也未受到太大冲击，也源于没有冒进推动第二轮融资扩张项目规模，并很好地做到了成本控制，团队也有信心顶住疫情影响、在项目第二年实现正向的经营性现金流。

创业项目能持续向前发展一定离不开团队，尤其合伙人团队的稳定与适配。我们三个创始合伙人曾是房地产上市公司的同事，分别在企业运营与投资、营销、人力资源领域深耕多年。创业之后，我们都逐渐找到自己热爱并适合的领域，我开始多元涉猎生态农业、教育、环境保护与乡村建设相关领域，并成为WWF世界自然基金会环境教育注册讲师，而另两位合伙人则分别在文创与设计、心理学与儿童教育领域深入研习和实践。2019年是我们创业最关键的一年，而也恰巧在这一年，我迎来了人生的第一个孩子，也不得不放慢脚步，若没有合伙人彼此间莫大的信任与支持，恐怕我无法做到一边学习为人父母、照顾孩子；一边作为项目创始人带领团队稳步地推动项目继续向前。也是在2019年，我决定在未来几年内出国深造，进修教育学硕士研究生课程，一方面扎实教育领域的知识基础；另一方面连接国际优势资源，为教育与乡村发展助力。重视自我成长、保持持续的学习状态是我们得以秉持初心、互为支撑的基石。被使命驱动着前行的我们，拥有了即使在黑暗中亦能并肩行走的力量。

【案例点评】

来过牧野行歌的人，无不动容。这个位于厦门同安汀溪五峰村的复合型生态农场，有古厝、溪流、果树、花木，所有规划都体现出创业团队对自然和土地的赤诚之心。这既是一个生态农场，也是孩子们的自然教室，让久居城市的家庭能拥抱自然。这样的创业项目，实施难度不可谓不大，林蔚芳为什么能让项目落地？因为她身上拥有创业者难能可贵的素质：首先是专业，建设农场、改造古厝都需要专业知识，房地产企业高管的经历让她能够自如应对；其次是坚韧不拔，无论是资本的退潮还是人生角色的转变，都不能改变她的初衷。2020年新冠肺炎疫情刚过，孩子还年幼，她已经回到自然教育工作的第一线；再次是不断学习，为了让自然教育开展得更好，她准备出国学习教育学硕士；最后是从容不迫，不把融资、盈利当作头等大事，能静下心来苦练内功。可以说，林蔚芳的资源、能力、价值观和性格，都与项目契合，期待牧野行歌能成为一个可复制的美好乡村范本。

案例10-2

大隐于视，一场创业一场冒险

隐视文化传媒创始人 刘耀坚

创业是一项很讲求耐心的冒险。我的创业之路由2012年开始，至今走了8年。这八年里我的创业历程大概可分为三段：大学四年至兴趣创业阶段，2015~2017年探索创业阶段，2017年至今务实创业阶段。

在校创业是我创业之路的起点。我就读于集美大学工商管理专业，因为自己特别喜欢影像方面的工作，进入大学以后就积极地参加了各个社团的宣传部工作。2012年的秋天，我当时读大二，学院组织了创新创业大赛，我们几个有着同样兴趣的部门伙伴组队参加了比赛。在比赛的过程中，我们萌生了组建团队在校尝试创业的想法。第一次创业选择的战场是学校的摄影文创市场。因为在学院的创业比赛中获得了名次，我们团队被学校的创业中心选中，成为第一批入驻学校创业孵化园的项目，这一契机促成了我第一次创业的启动。当时"万众创新，大众创业"的氛围是最炽热的时候，由社团伙伴组织起来的团队成员满怀热情，我们给工作室起了"集视觉"这个名字，并在学校里展开了业务活动。第一年我们针对毕业季的文创市场展开了强烈的攻势，并成功地拿下了接近一半的校内业务。然而团队成员都是在校学生，在兼顾学业的同时做创业活动，每个人的压力都很大。影像业务又通常需要大量的时间和精力投入，越专业化的服务越需要具有专业技能和知识的人来完成。团队成员的专业技能不足的短板逐渐显现，业务的水准因此受限。随着团队成员的毕业，"集视觉"这一依托校园市场存活的影像工作室不得不进行转型，我们将工作室传承给学弟，使之成为校园内的一个影像创业孵化工作室。

反思初次创业的历程，大家仅凭一股热情和对影像行业的兴趣进行创业，对工作室的管理结构和规章制度都思考不够。我虽然是项目发起人，并没有掌握工作室的话语权。团队成员享有同等的股份，没有一个合理的股份比例，导致后来在工作室的业务和发展方向上没有及时做出决策，错失了转型和发展的机会。影像这一领域专业性很强，在学校没有相应专业的情况下，发展团队成员成本很高。只有兴趣是不够的，要成为一个业务熟练的摄影师需要经过很长一段时间的培养，使我们的团队无法迅速发展。这也促使我们决定，将工作室定位为一个培养兴趣和初步熟悉影像业务的校园工作室传承下去。

我毕业后马不停蹄地进行了第二次尝试，在学长的邀请下一起创立了"颜遇"传媒公司。因为有了在校创业的相关经验，团队的组织和业务的开展都相对成熟和稳定。在这次创业历险中我们选择了在电商影像这片大蓝海里拼搏，2015年正值电商经济如火如荼发展时，对影像的需求也快速扩大，我们在电商视频领域迅速地获得了一定的市场，将团队发展壮大了起来。由于集视觉积累了一些技能熟练的员工，因此在新公司的人员衔接上轻松了很多。公司的工作流程和结构也逐步专业化。公司在电商视频的业务发展逐渐进入正轨，于是得以进行更多的业务探索。2017年，公司获得了220万元的拍摄投资，用于网络大电影的拍摄。但是由于专业的制片经验和财务意识不足，在为期半年的拍摄制作后，项目出现了亏损，又遇到网络大电影审核制度的突变，已经拍摄完成的电影没办法变现，整个公司的运作戛然而止。由于我和合伙人在重大决策和风险评估方面经验的不足，整个公司陷入窘境，我们备受打击。眼看着倾注了艺术创作心血的电影商业化运作成为泡影，又加上长期工作的压力使得团队疲惫不堪，我和合伙人商量后解散了公司。

同年10月，我独自一人重组了公司，"隐视"文化传媒诞生了，在仔细制定了公司的愿景和业务范围后，以为品牌提供完整的视觉服务为目标的制作公司开始了新的征程。影视方面的从业者都习惯比较扁平的合作关系，所以在制订公司的基础规则时着重考虑了成员构成的特性，以公平等的原则构建一套相对温和的管理体制。由于制作水平是一个影视制作公司硬实力的重要组成部分，构建一套科学的方法论和学习方法才能使公司的竞争力不断提升。而透明的财务体系的建立，使公司有了一套合理的负反馈机制，能够合理地预警公司的财务状况和激励员工工作积极性。因此，制订合理的公司规则，选用科学的学习方法，实现透明健康的财务体系,这三个方面是我这两三年来思考的重点。

近年来厦门市重视影视产业的发展,随着金鸡百花落户厦门和集美大学电影学院的设立,厦门的影视土壤终于迎来了春天的和风。虽然2020年疫情严重,但公司在良好的行业土壤下却实现了逆势成长。前路坎坷,仍然心怀希望与热火。回顾自己的创业历程,除了对影视坚持与热忱外,还有对管理知识的不断完善和学习。道阻且长,勿忘本心。

【案例点评】

刘耀坚没有影视方面的专业背景,八年创业之路走来,有成功也有挫折,但不曾放弃。他的创业故事再次印证了:兴趣是最好的老师,热情是创业的加速器,坚持不懈是创业者的必修课。正如他回顾创业经历时总结的,仅有兴趣和热情不够,每个行业都需要专业知识和技能作为支撑。但大学生创业者更要明白,没有兴趣和热情,什么都不会发生。希望有专业知识的大学生们能勇敢地去做自己感兴趣的事情,不断寻找契机,逐浪创业之路。

二、寻找合作者

案例 10-3

MeetCoffee 创业记

"在这里遇到一杯好的咖啡,遇到一个对的人",高举文艺旗号的 MeetCoffee 咖啡店在五邑大学蹿红。咖啡店的经营者是五邑大学管理学院大三学生廉明、陶宛军和信息学院大二学生冯杰文。三位年轻老板在为一对异地恋情侣布置酒店时认识,之前都各自通过兼职挣了一些钱,认识之后三人萌生共同创业的念头。经过考察,他们发现校内缺少一个"小型的休闲空间"。综合考虑人流量和客户需求后,三人一致同意在西南校区宿舍楼下开一间以"舒适"为主题的咖啡店。咖啡店分为上下两层,一楼比较小作为前台,二楼有20多平方米,作为客人坐下来喝咖啡的地方。他们坚持经营手段是其次,食品质量才是核心的经营理念。保证向同学们出售的是健康的饮品和食物,店里的奶茶原料选用雀巢全脂蛋奶、糖和现泡茶叶,不仅风味正宗,还很健康。另外,他们还通过转发抽奖和赠饮等方式提高了知名度,再通过高质量留住顾客。

开业后,三个老板为"优化资源配置",进行了明确分工:廉明比较温和理性，负责工资发放、财务、原材料购进、微信公共平台运营；陶宛军性格鲜明、执行力很强，负责店面卫生、兼职工时间安排和微博营销；而冯杰文考虑问题较全面、细致，负责出纳和装饰店面等。即便有明确的分工，三人合伙过程中意见不合是经常有的事，所以廉明主张把工作和感情分开："吵架是经常有的事，不过吵完总会和好。"陶宛军也提及："合作开这家咖啡店使我认识到，合作很重要，要学会考虑他人的想法"。

除了老板身份外，三人作为学生也很出色。廉明和陶宛军是安徽老乡，两人分别担任学校里安徽同乡会的会长以及副会长，陶宛军还是院里学生会学生部的部长。冯杰文是校内共青团委员会社联公关部的部长。

咖啡店步入正轨后，购进原材料每月花费1万元左右；水电费每月支出1000元；招收兼职员工，工资8元/时。咖啡店每天收入为1000元左右，算下来MeetCoffee每月纯利润逾万元。

案例来源：林晓丹，吕聪玲.基于社会主义核心价值观的大学生创新创业教育指导研究［M］.中国：中国铁道出版社，2018.

【案例点评】

咖啡店和奶茶店是在校大学生创业时最容易想到的项目，看似门槛不高，但真的付诸行动、成功创业的大学生不多。在这个案例中，三位合作者组成的团队具有优势，是咖啡店成功的重要因素。从学历来看，团队中两名是管理学院学生，一名是信息学院学生，为咖啡厅的经营和线上宣传提供了专业保障。从工作经历来看，三人均做过兼职，有领导社团的经验，并且积累了一定的资本。从性格来看，三人各有特点，团队分工充分考虑到了各自的性格特征，确保"合适的人做合适的事"。而最难能可贵的一点，是团队成员经营理念上的一致，他们都认同把工作和感情分开，能相互理解。

三、组建团队

案例10-4

手游团队的团队建设

写这篇文章是为了总结我在创建独立游戏工作室时得到的经验和教训，我们停止游戏研发已经有一年多了，所以我用了大量的时间来反思犯过的错误，希望通过分享自己的错误和教训，让其他创业者在做研发的时候避免重蹈覆辙。

（一）游戏团队重在合作

在开始游戏研发之前，我听过一个资深开发者的建议，他强调："作为一个工作室，你需要一个明星团队，而不是一个团队的人都是明星。"我之前从来没有认真想过这句话，最近才突然想起。在当时我的创业团队里，有很多优秀的美术师和程序员，但我们却从来没有形成明星团队。我们很难一起做创意工作，而且如果我们看不到结果的话，则很难相互信任对方和理解彼此的看法。我们每个人喜欢的游戏内容都不相同，对于想要研发的游戏没有一个清晰的共同目标。

（二）团队成员构成

不管你的团队里有多少人，你都需要有人负责游戏研发的各个方面：

1. 美工

你需要有个人负责把游戏做得好看，这个人要有能力与程序员沟通，把他们想要的概念能够让程序员用代码表现出来，他们需要有耐心和毅力，直到看到自己想要的结果才罢休，他们需要思考这个游戏的目标用户群是哪些，并且确保这在艺术设计的过程中是被考虑进去的。

2. 技术人员

你还需要一批稳定的技术人员，来确保项目进度过快时不至于引起技术故障或者浪费大量的研发时间，这个岗位的人员需要非常有热情地经常主动扩展自己的知识范围，愿意为了把疯狂的想法在手游上实现而寻找创意方法，你的技术员越好，那么你的游戏策划就面临越少的限制。

3. 策划人员

我目前只遇到过几个真正不错的游戏策划，我建议寻找的策划人员应该：经常玩游戏，至少非常深度地了解一个特定的游戏类型或者内容，能够与其他人交流想法。这样的人才并不多，但却是你的游戏成功最重要的元素之一。

4. 商务人员

你需要有人为你寻找新的收入机会，这个人还要考虑在你的产品完成之后应该在市场上处于什么位置，他需要思考如何尽早地为游戏进行市场营销，还有发工资以及缴税等。

（三）团队规模

成功的初创手游工作室经常是2~4人，总体来说，创建一个工作室对于一个人来说工作量实在是太大，但如果有了4个以上的成员，你的团队可能就没那么灵活或者做快速决定，人多了之后你需要人来管理团队，这在创建公司时是没有想到的。

注：该案例是海外一个大学生创业手游团队创始人的自述，中国游戏产业研究网GameLook进行了翻译，本文进行了删减和改写。资料来http://www.gamelook.com.cn/2015/01/198268。

【案例点评】

几乎所有的创业者都深知创业团队的重要性，投资者做出投资决定时，很多时候不是因为项目本身，而是基于对创业团队的欣赏和信赖。然而，团队的组建并没有标准答案，必须结合行业的特性。这一篇创业的教训总结，详细阐述了手游工作室的岗位需求和人员数量，对于想创业做手游的大学生来说很值得借鉴。而对于其他大学生创业者来说，也有借鉴作用，应尝试采用这篇案例的思路，对自己的创业项目进行任务分解，确定所需的岗位和人员数量。

第十一章 "What"案例群

一、选择创业项目

案例 11-1

创业，从擅长的领域开始

4年首席设计师职业经历，让大学毕业生王博在文具设计领域干得得心应手。不安现状的他毅然辞职单干，在镇海大学生创业园设立了一家乌托邦工业设计公司，专业从事文具设计工作。如今，他的公司拥有了10多家稳定客户，每月赢利数万元，公司还获得了"宁波十佳工业设计企业"称号，并在宁波"和丰"工业设计大赛中获奖。

（一）打工经历积累专业经验

在王博的办公室内，随处可见的就是各种款式的笔和它们的设计图案。"我设计过的笔有上百款。"打开两个文具包，这个吉林小伙向记者一一展示自己的作品。王博和文具设计行业结缘始于2006年。当时，他从江苏大学工业设计专业毕业，进入宁波音王集团从事设计工作，从此踏入设计行业。一年以后，他进入文具企业贝发集团担任设计师。在那里，他主攻笔的造型设计工作。4年的打工经历让王博的设计技能越来越娴熟，也使他对客户需求的了解越来越细致，"我知道不同的客户对于同一款产品有着什么样的差异化需求，比如同样一支荧光笔，欧洲人喜欢外形简洁的，美国人偏好花哨一些的；色彩方面，欧洲人喜欢艳丽明快的，亚洲人则钟情于清爽淡雅的。"

（二）划定业务区域

为了更自由地发挥自己的设计专长，王博决定辞职单干。经过多方比较，他选择落户镇海大学生创业园区。2010年9月，王博的乌托邦工业设计公司在那里正式开张。他将自己的业务范围锁定在文具设计领域。"宁波及长三角地区有大量的文具制造企业,但没有一家专业的文具设计公司。"王博告诉记者,这个市场空白点让他看到了创业的商机,"文具设计领域又是我最擅长的,我有信心把这份事业做到最好"。

(三)从老本行做起

公司成立后,王博通过网络招兵买马,很快组建了5个人的设计师团队,寻找客户的工作也同步展开。他的第一笔业务就是靠"老关系"拉来的。余姚一家文具企业的老板是王博在以前工作中认识的,这回他得知王博自己创立了设计公司,专门找到他,要求设计一款荧光笔。这种荧光笔在市场上极为畅销,如何设计才能不落俗套,既保留原有的经典外观,又不侵犯别人的专利?王博着实费了一番功夫。花了个把月时间,创作了七八款设计图稿,结果都被客户否定,"没有创意"。山穷水尽之时,王博独自一人来到天一广场散心,马路边如梭的车流让他找到了灵感:流畅的线条可以让车身显得灵动轻巧。王博把线条的理念运用到荧光笔的设计上,终于使设计方案获得了客户的认可,做成了第一笔生意。

首战告捷坚定了王博的信心。他前往文具企业较为集中的桐庐等地,积极拓展业务。凭借丰富的文具设计经验,王博在产品的市场定位、方案设计和报价谈判等环节,都能和客户取得良好的沟通,公司发展开局良好。如今,乌托邦设计公司已经拥有了10余家稳定的客户。

(四)创业路径可以复制

事业稍有起色的王博最近也遇到了一些烦心事。外贸行业不景气,文具企业开发新产品的积极性不高,导致设计公司承接新业务难度增大;公司自身发展资金有限,招募不到优秀的设计师和业务员。但随着宁波等地的外贸企业纷纷转型开辟内销市场,从贴牌生产向创立自主品牌转变,企业对产品设计的意识和需求正日益增强。这也让王博看到了设计行业发展的希望。他的目标是:拥有10人的设计师团队,年业务量达到40万元。而他更大的"野心"是:自己设计、开发产品,投放市场。

回顾自己近一年来的创业经历,王博认为他的"先打工,再做老板,从擅长领域做起"的创业路径可以复制。不过他认为创业最大的困难是资金,因此他不提倡"毕业就创业","两手空空去创业,会让自己背上很重的负担。"他建议学弟、学妹们先到企事业单位工作几年。"这样,一来是积攒创业的资本,二来也是锻炼业务能力,积累工作经验和人脉,还能熟悉社会交往规则。"至于创业的方向,王博认为一定要从自己擅长的领域开始尝试，而不要盲目地跟着别人做，"别人赚钱的项目不一定适合自己，只有自己的专业技能才是创业的核心竞争力"。

资料来源：杨光. 创业管理［M］. 武汉：武汉大学出版社，2016.

【案例点评】

  这个案例中，王博有两个观点很值得想创业的大学生思考。一是创业项目的选择，应该选择自己熟悉的领域，与自己的专业相关，这样才能做到心中有数，提高成功的可能性。二是创业欲速则不达，可以先就业，在企事业单位中积累工作经验，学会待人接物，结识人脉，积累资金，这些都是未来创业过程中不可或缺的资源。

案例 11-2

小而美的微创业

  7 年前，陈镜荣不会想到自己的人生会被一个小小的 PPT 改变。

  因为制作班会 PPT 的需要，陈镜荣第一次接触到 PPT。这种看似简单轻松、实则千变万化的交互方式吸引了他。7 年来，深研 PPT 的陈镜荣总结出了 223 个常用基本操作、60 个经典逻辑修改案例。他在 PPT 这个细微领域不断钻研，2015 年 12 月 24 日注册创办武汉市深度工匠文化传媒有限公司，并担任总经理。"没有过时的技术，只有过时的思想。"在 PPT 领域深刻钻研，不仅让陈镜荣有了自己的事业，还给大学生创业者提供了现实的案例：微创业可以长大，成就更大的梦想。

  陈镜荣当年就读于中南财经政法大学刑事司法学院侦查学专业，大一时负责制作班会用的 PPT。因为之前有所积累，再加上用心设计，他做的 PPT 赢得了许多同学的赞扬，这种肯定激励着他仔细琢磨 PPT 这门跟他专业关联度不大的"小技术"。不看剧、不打游戏、经常泡在网上学习 PPT 的制作经验和技巧……从 2010 年 9 月开始，陈镜荣每天花两三个小时刻苦钻研，学习了两万多份 PPT 的经典案例。陈镜荣从一个学侦查的 PPT "门外汉"，变成了校园里小有名气的"设计师"。

  从本校的社会保障学硕士研究生毕业后，陈镜荣没有像身边大多数同窗一样成为公务员，而是创办了武汉市深度工匠文化传媒有限公司，专门给人提供制作 PPT 服务——有时候，他所服务的客户也包括这些同学所在的政府部门。至今，陈镜荣和他所创办的深度工匠公司已为政府机关、上市公司、大型国企、创业公司及个人完成 PPT 设计 100 多次，涉及市级政府、武警边防、移动通信、生态农业、装备制造、房地产、汽车等多个领域。"能把一个PPT的美化做成一家在当地非常有影响的技术型输出的企业，谁能说这不成功呢？"

陈镜荣觉得把微创业专注一点、追求"小而美"的特点解释清楚特别重要。"我们经常听说（某个项目）今年投资100万元，明年能收回成本，两年能盈利，3年能上市。这是美好的理想。但是对微创业的同学来说，静下来，做好眼前微小的事情，也许更加重要。"他对大学生创业者的建议是：初创期一定要转变姿态，从小处做起，先活下来，能够赚钱之后再谈理想和情怀。

资料来源：王林. 专注"小而美"，成就大梦想［N］. 中国青年报 2017-08-01（T02）.

【案例点评】

现在中小学阶段的学生已经有很多机会接触PPT的制作，相信大学生们对此都不陌生。在需要制作PPT的场合，大学生们会借鉴网络上的现成模板甚至花钱购买，力求让PPT美轮美奂。然而，愿意持之以恒钻研，将设计制作PPT变为创业项目的学生有几个呢？大学生们常常对于身边的这种"小生意"视而不见，或者不屑一顾。反观陈镜荣，看到市场需求后就持之以恒进行钻研，每天花2~3小时投入PPT研究，这种精神难能可贵。微创业重在"小而美"，大学生们若能从小处着手，追求卓越，就会发现自己身边就有数不尽的创业机会。

案例 11-3

<h3 style="text-align:center">灿熙筑梦工程</h3>

——为城乡：文化、经济、教育产业建设发展筑梦

集美大学灿熙筑梦团队

素有"陇上江南"之称的甘肃陇南成县，风景优美、生态资源丰富，但境内多高山峡谷，交通不便，导致当地经济实力落后，教育资源匮乏。灿熙筑梦工程团队结合国家出台的有关宣扬红色文化、乡村经济扶贫、乡村教育扶贫等政策，以"追寻红色足迹，传承红色精神"为理念，通过微信公众号"灿熙筑梦"为成县搭建高效、可行的筑梦通道，以推动成县教育、文化、经济的发展。

灿熙筑梦工程创立之初，团队对成县进行了深入的市场调研，发现成

县属于较为偏远的乡镇，当地居民文化层次不高，学校数量少，教学硬件设施不完善，缺少专业的教师，教学资源严重匮乏，于是决定发起了"教育筑梦"的项目。我们在微信公众号"灿熙筑梦"上开设了"成州启航"频道，以云朵课堂、云朵博爱超市的形式，依托线上教育促进成县教育事业，致力于让每一位孩子都有学习、进步的机会。平台同时开展筑梦招募，面向全国招募筑梦志愿者，招募对象包括教师、记者、导游、学生等社会各界人士，希望通过全国爱心志愿者的加入，让教育频道拥有更加丰富优质的学习资源。

甘肃是全国唯一一个四支长征红军部队都经过的地方，成县留下了大量红军遗迹，有发展红色旅游的良好基础。然而之前成县对此挖掘和宣传不足，因此灿熙筑梦团队萌生"文化筑梦"的想法，对成县的红色文化进行梳理，建立起在线"红色博物馆"。我们用纪录片、短视频、文章、漫画等形式呈现了成县的红色历史资料，有效吸引了对红色文化感兴趣的人群到成县旅游参观，促进成县旅游产业的发展。

成县为全国三十三个"千年古县"之一，悠久的历史成就了成县丰富的美食文化和精致的艺术特色。石子馍、手擀面、油茶、煎饼等是成县老百姓舌尖上的美食。为了推广地方美食，团队在平台开设了"特色成县·美食文化社交广场"和"吃喝游玩成县·美景美食搜索引擎"，对美食感兴趣的人们可以在其中找到详细的资讯，品尝过美食后还可以在平台上分享和评价。

成县所含贫困户高达 1.49 万户、5.54 万人，项目团队调研发现，成县贫困人数比重大的成因是由于产业单一（以生产农副产品为主），且商户规模普遍较小。然而，成县生态资源丰富，气候条件独特，农副产品丰富，小麦、玉米、豆类、柿子、猕猴桃、黄连木（药木子）种植广泛。2011 年，成县被国家林业局授予"中国核桃之乡"之名，成县核桃大而皮薄，肥厚饱满，无异味不生涩，香甜可口，是中国国家地理标志产品。成县手工挂面作为当地特有的传统工艺也很受市场青睐，口感好，易存放，做法方便快捷。挖掘出这些农产品的闪光点后，团队整合线下线上资源，集商品管理、订单管理、咨询、支付、配送、推荐等多项功能，推出了"互联共谷"的理念，搭建用户商城，包含农副产品专栏、美食佳酿专栏、文创艺术专栏等，引领农村产业品牌化、规模化、创新化发展。

灿熙筑梦工程团队以"文化筑梦""经济筑梦""教育筑梦"为筑梦核心，以"稳定流畅，高清画质""轻松集成，全端覆盖""云端解析，定制服务""弹性构架,海量并发"为技术优势,采用线上筑梦平台与线下公益活动相结合的"互联网+"精准扶贫模式,面向企业、高校以及商会举办推广活动,对甘肃和福建的学校和商会进行宣传推广。目前灿熙筑梦工程团队现已获得成县农村产业发展专项扶持资金50万元,线上平台累计用户5000+,拥有筑梦志愿者30余人。团队预计2020年9月于厦门市集美区完成工商注册,以企业的形式与政府、银行、央国企联合,助力精准扶贫和乡村振兴,实现经济价值和社会价值的融合。团队计划复制成县的筑梦模式,五年内实现甘肃省红色与贫困地区筑梦,之后逐步将项目推向全国。

【案例点评】

近年来大学生创业中涌现出越来越多的公益类项目,与商业项目追求经济利益不同,公益项目更看重社会效益。因此,做公益类项目,大学生创业者首先要问问自己,是否有情怀、有使命感、有担当。灿熙铸梦项目的闪光点很多:一是将扶贫、助农、农村电商、红色旅游等经济社会的热点都进行了探索,社会效益和经济效益兼顾;二是善于整合资源,获得了当地政府、商会、学校的支持,通过在线招募拥有了全国各地的志愿者;三是能充分发挥互联网的作用,如开放网络课程、建设线上红色博物馆、开展电子商务等;四是能总结经验,固化模式,让项目具有复制的可能性。

二、聚焦目标市场

案例 11-4

木子岚工作室

木子岚工作室始于2016年,于2017年1月注册成为武汉木子岚文化传播有限公司,是一家专注于高品质影视动画创作的综合创意制作公司。公司位于武汉市华中师范大学文华公书林,办公面积超过300平方米,目前正处于快速发展阶段。现有全职成员30余人、签约画师40余人,是一支由来自海内外的动画影视专业制作者和资深爱好者组成的年轻、专业、有凝聚力的制作团队。公司累计参与制作了57个动画和游戏项目,参加大型漫展14次,在中国最大的动漫类美术外包平台"米花师"上,木子岚已经做到全国第二。

木子岚的创始人是华中师范大学2012级动漫专业毕业的黄子豪。在他看来,"团队要走得远,不仅要立足于专业,更要注意瞄准市场"。市场调研显示,大多数画师喜欢画人物,但实际上人物岗位是饱和的,真正的市场缺口是场景制作。"很多大学生创业团队没能在一个细分领域中提高市场竞争力。"黄子豪说,"就我们公司而言,外面很多做动画的公司综合实力很强,但在场景制作这个细分领域我们可能比他们强。我们主打技术过硬的美术外包,这就是我们创业公司的立足点。"

正是依靠精准的市场定位,木子岚以动漫美术为主营业务,参与多个动漫游戏项目艺术制作,在与成熟的IP、企划方合作的过程中,积累资金、口碑和经验来反哺原创。公司的原创作品《清明梦》获中国国际动漫节IABC全国15强,是全国唯一入围的游戏作品。

资料来源:根据木子岚官网和刘振兴,杨洁.创业团队如何逃脱"毕业即散伙"魔咒 [N]. 中国青年报,2019-08-02 (08).

【案例点评】

所有热爱漫画的人,内心都有一个梦想,那就是能创造出属于自己的知名动漫IP。因此,塑造独特的主角形象(人物或者动物),思考故事情节的设定被认为是更有成就感和价值感的事。然而,初出茅庐的小型动漫企业和画手们必须意识到,企业要生存,就要与大企业合作,先在项目中完成力所能及的辅助部分,一边积累经验一边寻找机会。木子岚正是专注于动漫场景制作这一细分市场,实现了生存与发展。初创的小微企业,如何在行业中"与狼共舞",值得所有大学生创业者思考。

三、确定商业模式

案例11-5

悦骑自行车项目的创业历程

悦骑创始人贾永博

"共享单车"曾经风行一时。从ofo、摩拜这样的早期品牌,再到如今的Hellobike、美团单车、青桔等,大企业与大资本的入局使共享单车依然在风口。从单一的自行车租赁到资本混战,再到如今的重整旗鼓,共享单车既是传统行业互联网化与资本化的最佳案例，也是共享经济的典型代表。

其实在 ofo 和摩拜还未出现时，我们几个同学所做的"悦骑自行车服务平台"项目，就尝试了共享单车的理念。创业团队借鉴"滴滴快车"的模式，设想着将大学内闲置的自行车资源共享化，提高学生的使用效率，解决大学生的"最后五百米"需求。当时我们注意到，学校的地下自行车库里停满了闲置或废旧的自行车，长时间占用公共资源却没有得到很好的利用。而教学楼和宿舍楼之间较远的距离决定了存在对单车的客观需求。于是创业团队与学校相关部门和老师多次交流，认为利用并改造废旧自行车，进行自行车的二次利用是一个很好的资源整合方式。在确定了初步想法之后，"悦骑"项目正式立项，开始了第一次创业尝试。

成立之初，一切都是新的。我们几个项目发起人紧锣密鼓地招募团队、撰写商业计划书、与学校各单位沟通、入驻学校创业孵化园、参加创业类比赛，不断打磨和完善商业模式。几个创始者满怀信心筹措了几万元创业基金，为这次勇敢者的游戏提供了试炼石。我们注册公司、参加税务培训，开展员工培训，与学校签订废旧自行车改造合同。然而在一开始，我们就遇到了难题。在那个炎热的夏天，我们在闷热的仓库中筛选、整理废旧自行车的过程中，发现缺乏专业自行车维修人员的协助，仅凭学生团队难以为继，而且很多车辆已经无法满足使用要求。团队成员在奋战几日之后发现能用的自行车寥寥无几，仅整合现有的废旧资源不仅费时费力，还耽误了项目的实施。于是，创业团队推翻之前的计划，决定购买 150 辆新的自行车和废旧自行车改造的 300 多辆自行车一起投入运营。其中废旧自行车改造的那批车作为"公益自行车"，开放网络实名预约，预约成功者可免费使用一个月。新车则是"付费自行车"，团队将付费行为嫁接在微信公众号上，使用者扫描二维码后提交押金和使用费，便可获得开锁密码。收费在一定程度上可以减少资金压力，同时产生直接数据，为之后的融资奠定基础。

2016 年 10 月，悦骑在学校召开了第一次产品发布会，邀请了数百名学校老师、同学前来参加，获得了极大的关注，厦门各大媒体包括电视台纷纷跟踪报道。项目团队先后寻找了厦门较为出名的十几家风险投资机构，进行了多次路演。VC 们都对项目表示了极大兴趣，但希望项目运营一段时间后再谈实际投资。

从夏至冬，半年时间过去了，项目运行不断遇到问题。学生们对于新鲜事物的接受度很高，乐于享受悦骑的服务，但愿意付费的人少之又少，大多数人选择了免费的公益自行车。由于没有 GPS 定位系统的自行车，自行车被骑走后难以找回，项目投入的单车丢失过半。团队原计划每周巡视校园，进行车辆维护并修改每辆车的密码，以便于下次收费。然而人手有限，与每次一元的骑行收入相比，巡视校园、保养车辆的成本太高了。12 月来临时，团队最初筹措的创业资金消耗殆尽，大家坐在一起反思，意识到用户习惯的培养需要时间，项目运营的细节需要推敲，而缺乏资本和技术的支持，这样的项目难以为继。此时，同样出自学生团队创业 ofo 已拿到了真格基金徐小平先生的数百万投资，摩拜单车更是在深圳进行多城市扩展布局。在没有任何资本支持的情况下，悦骑的运营已是强弩之末，错过了共享经济的风口。

2017 年 3 月，悦骑团队宣布解散。这显然是一次失败的创业经历，但对于这个团队的成员而言，在大学里以相对较低的试错成本完成了商业社会的历练，获得了无比宝贵的创业经验。现在，已经毕业的团队成员，奔赴不同的城市，投身不同的行业，但都还在创业的路上跋涉。

【案例点评】

　　这个项目在校内参加创业比赛时，就被评审老师"泼冷水"，老师们认为项目的启动资金较大，运营中存在诸多不确定性，盈利模式堪忧。车辆如何维护、如何防盗，成本如何回收，这些问题对于热情高涨的大学生创业来说，都觉得不是问题。凭着初生牛犊不怕虎的精神，他们付出了时间、精力和金钱，在那个火热的夏天让小红车一度成为校园中一道独特的风景线。然而，共享单车项目本身的商业模式问题，不是靠讲故事、烧热钱就能解决的，摩拜单车、ofo 小黄车的陨落已经反复证实了该商业模式存在问题。目前，市场上尚存的共享单车企业无一盈利。因此，大学生创业者进行项目选择时，做好成本核算、确定盈利方式等至关重要。

案例 11-6

送暖食堂

集美大学送暖项目负责人　蔡超宇

（一）项目构想

　　我国老年人口基数巨大，为社会化的老年人护理服务机构带来了发展机遇。2017 年养老行业市场规模为 2.5 万亿元，5 年平均增速达 26.91%，到 2021 年市场规模预计达到 6.5 万亿元，可见我国养老产业市场前景可期。但是，作为一个新兴行业，目前我国的养老服务行业资源整合程度不高，且缺乏统一服务质量标准，使养老服务业不够专业化。服务人员方面，养老服务业呈现"用工荒"，看护人员专业化程度低，现有人才队伍不稳定。在养老意识方面，到专业机构养老还不是主流，居家养老的观念深入人心，社区养老需求凸显。再进一步研究社区型养老机构，大多数社区小型养老机构所提供的服务项目较少，服务水平较低，基本无力为老年人提供有针对性的慢性疾病康复护理服务。对于老年人，尤其是独居老人来说，做饭是一个负担，目前大多社区养老服务机构没有配送优质餐食的服务项目。

2017 年，项目创始成员法学院的罗彦媛、王沥彬和王江北三位同学参加了几次学校组织的社区志愿服务活动，观察到独身在家的社区老人不在少数，他们的饮食状况不佳，有煮一顿吃几天的陋习，一些患有慢性疾病的老人无法为自己制订合理有效的食疗方案。为此，三位同学先后访谈了社区工作人员、老人及其子女，据此萌生了为社区老年人配送营养餐的构想。三位同学找到法学院的巨东红教授，在她的指导下，形成了项目的雏形：一个以微信平台为中介，为患有慢性疾病的老年人提供专业化、个性化营养膳食配送服务的公益项目。项目将根据患病老人的饮食习惯、身体特征及特殊的生理需求，制订最适合患病老人的饮食方案，同时结合社工特色，为老人提供上门关怀服务，使老人享受"胃暖心暖"的贴心定制服务。

（二）项目打磨

说干就干，三位同学马上行动起来。为了让项目能更好运营，他们找来了市场营销专业的徐信源及食品与生物工程专业的古丽美热·阿米尔江两位同学，由此增强了项目运营和营养食谱定制方面的能力。团队成员紧锣密鼓地撰写商业计划书，申报学校大创项目，获得科研资金补助，走访调研各社区，发放消费者调查问卷，与社工机构协商合作，构建微信下单平台，设计餐饮配送的包装，参加创业类比赛……在这个过程中，团队成员不断克服困难，也不断完善项目。

在消费者调查中，我们发现大部分老年人很节俭，他们更习惯自己在家里做饭，不易于接受外卖配送的形式。而许多中年群体，也就是老年人的子女很愿意购买我们的服务，并且对价格敏感度不高，愿意一个月花 1000 元甚至更多让自己的父母吃上有营养的饭菜。因此我们把客户群体定位成空巢老人的子女，从帮助子女尽孝心的角度出发，为老年人提供更营养的饮食。同时，相关社区养老机构在膳食料理与合理搭配领域有所空缺，难以为老年人提供优质的饮食服务，所以社区机构也可以购买这个服务，以满足管辖社区内老人在饮食方面的需求。一开始有的社区不信任养老配餐服务，造成项目难以引进社区的状况。团队成员不断和社区机构负责人沟通，向相关负责人介绍送暖食堂项目的意义，并且列举其他省份的引入先例，最终得到了负责人的支持。

配餐行业最基本最重要的就是食品安全问题。团队通过搜索资料，并向专业老师请教，最后协商讨论出两条降低食安风险的途径：一是采取每天留样的方式，并与食药监局形成监管合作计划，由第三方保管样品；二是将一部分资金用于购买保险，与保险公司合作，转移风险。同时，为了加强客户群体的信服度，我们还不定期组织志愿者团队到原料基地、外包食堂等直接参与食物的制作流程，并将探访过程录成视频，用于线上线下的宣传工作。

我们的项目启动资金主要来源于自筹、学校科研资金补助、科创赛事奖金及天使投资，还获得了广东省公益基金会的4000元公益投资。作为产品卖点之一的食谱是在专业指导老师的帮助下，基于平衡膳食宝塔及中国居民膳食营养素参考摄入量等理论，结合老人自身体型、年龄、性别和所患慢性病类型等因素配置出来的。但由于食谱制定流程中缺少药学专业人士，使一些患有慢性病的老人群体对食谱存在疑虑，信任感欠佳，为此团队特地聘请福建省厦门市第二医院的胡滨营养师对食谱进行审核与鉴定，进一步确保了食谱的专业可靠性。

（三）项目落地

2019年初，部分成员因学业繁重及考研考公等需求，退出了项目。我们及时招募了社会工作专业戴文静、许文虎，审计学专业蔡超宇，食品与生物工程专业陈凤颖和法学专业林颖鸿五位同学，成了新的第二批队伍，这一次，我们工作重点是促进项目落地。

我们走访了湖滨四里社区老人服务中心，并与驻点在其中的社工机构达成合作，在该社区成功举办了送暖品尝会，与会老人有50余位。我们准备了针对高血压及糖尿病的十余种菜品供社区老人品尝，并利用问卷调查及访谈形式，收集老人们对菜品的口感评价与对养生配餐的接受度。现场气氛融洽，志愿者热心地为老人讲解配菜中的养生奥秘，老人们大多认真地聆听着，甚至做起了笔记。此次活动内容被《海西晨报》和校内官网刊登报导，扩大了项目的宣传范围。

为了确保食品的品质，我们选择将食堂外包，与厦门市集美区蒲之味饮食店达成合作协议，由该企业为我们烹饪菜品，并与夏商集团形成合作意向，保证原材料的健康无污染。项目增加了食品安全溯源体系的构建，用户直接扫取包装上的码，便可了解到食品从原料到加工，再到包装、运输的整个制作流程。为了方便用户订餐并解决配送问题，送暖食堂上线饿了么平台。

前期在湖滨四里社区的大力宣传，为项目带来二十余笔订单，增加了近一万元的初始营业额。我们将这种宣传模式复制到了杏林纺织社区、集美岑东社区、三兴社区、盛光社区等多个社区，通过举办送暖品尝会，向老人科普养生知识以及送暖食堂项目，让与会老人切身感受到配餐的科学性与实惠性，打消了老年人的疑虑。为了进一步扩大影响，我们将社区送温暖的素材收集整理，制作成视频投放于微博、抖音等新媒体。

配餐服务起步之后，我们将社工专业特色与养老配餐服务结合，在配餐服务中融入社工元素，组建了一支"老年志愿者"送餐团队，采用"送暖币"运营模式，以老养老，既促进了项目的周转运营，又为空巢老人带去更多幸福感。由于社团活动和实习，送暖项目成员长期与社区人员交往密切，奠定了良好的合作基础与坚固的信任关系，也与社区内居民结下深厚友谊，这是一般配餐公司不可逾越的壁垒，逐渐形成了送暖食堂项目的温暖品牌印象。

养老配餐的配送问题，是一个难点。例如，因为自然因素或骑手自身问题，可能导致配送时间超时。针对这一点，我们团队构建的微信服务平台上会实时更新配送员具体配送信息及送达时间，消除送餐的不稳定性。同时，本项目目前只针对厦门部分地区进行设点配送，大大降低物流风险，也满足了顾客方便快捷的需求。

养老配餐在口感上与其他快餐差异不大，但投入成本和销售价格明显高于其他快餐外卖，因此必须让顾客能够明显而直观地感受到更好的体验。不同的老人饮食习惯上难免存在差距，如有些人喜欢软烂的食物，有些人则不喜欢，有的人食量很大，有些人则吃得很少。为了提高顾客满意度并合理使用食材，我们结合云配餐技术，将老人的个人饮食喜好、身体状态、食用分量等配餐细节录入程序系统，通过构建个性化档案的方式，保存购买者的个人喜好与身体信息，结合大数据分析整理，为每个服务对象提供更具个性化的营养配餐食疗，争取尽量满足各消费者的特殊需求，使服务更加精准到位。

（四）前景展望

社区老年人配餐服务具有广阔的市场，未来将以厦门市为试点，辐射闽南地区，逐渐实现全国范围的推广。同时，送暖食堂计划尝试城乡共生养老的新模式，在城市周围的乡镇建设专业的农副产品生产基地。一方面为送暖食堂提供更高质的原材料；另一方面带动乡镇的经济发展，实现更大的经济效益和社会效益。

【案例点评】

送暖食堂团队历经三年时间，逐渐将这个项目打磨成型。一开始，团队成员只是抱着要为社区老人送温暖的热忱，以做公益的心态来推动项目，对商业模式缺乏思考。随着项目的推进，团队成员体会到依靠自掏腰包不是长久之计。目前接手项目的第二批团队，对目标用户定位、产品设计与制作、成本核算、盈利方式都有了比较全面的思考。如何让公益性的项目能"自己造血"，实现长久经营，是所有公益类创业项目都需要思考的问题。

第十二章 "How" 案例群

一、如何管理团队?

案例 12 – 1

志同道合也要合理分配股权

(一) 自助摄影室项目

武汉科技大学 2011 级建筑学专业的郭广欣在选择创业项目时,充分考虑到了专业匹配的问题。大四时,郭广欣结合自身的专业背景,开发出单反相机声控拍照感应模块设备,只需摆好姿势,喊出命令,显示屏便出现对应的照片。这一技术改进极大地解决了"行业痛点"。原本需要遥控器控制拍摄,非常影响照片美观性,如今双手从遥控器中解放出来。"凭借专业能力,我们要在同行中做最有技术优势的。"郭广欣说。

2015 年,郭广欣组建了 3 人团队,成立武汉众果科技有限公司。他负责软件开发与设计,另外两人一人擅长运营,一人主管销售。"志同道合"是郭广欣寻找合伙人的标准。"三个学建筑的伙伴"性格上合得来,都明白合伙人的重要性,郭广欣记得有位合伙人曾说过:"如果一个人开个小公司,那拿 100% 股权也没太大意义,但如果合伙人一起齐心协力把公司做大做强,我即便占有少量股份,也够多了。"

成立公司前,郭广欣对如何分配股权并没有一个明确的概念,他查阅了大量相关资料,咨询了同校获得千万元融资的创业学长,最终将股份分为 1∶2∶7。他知道大学生创业公司起步常遇到的问题是:一味地讲哥们义气,合伙人之间平分股权,缺乏主要决策人,到公司发展后期因意见不合而一拍两散的事情非常普遍。郭广欣认为,在决策中有一个能拍板的人至关重要。

2018年11月，公司新场地装修完成，他们的自助式摄影室项目获得了全国创业大赛银奖，公司被评为武汉2018年度科技"小巨人"企业。

(二) 智能家居系统项目

无独有偶，华中科技大学计算机博士生范小虎的创业历程与郭广欣相似。2011年，范小虎考入华中科技大学计算机学院，结识了谢屈波等3位年龄相仿、志趣相投的博士生同学。有一天，一则谷歌高价收购某智能家居公司的消息让他们深受启发，"这不正是我们的研究领域吗？"经过多次商议论证，4人决定针对老年群体打造一款智能家居系统，并成立武汉博虎科技有限公司。"博虎"是公司两位主创——谢屈波和范小虎名字的组合。

选择创业合伙人时，范小虎找到了相熟的同学，不仅彼此互相了解，更因为4个人各有所长。范小虎认为，项目能稳定地运行下去，主要原因在于他们立足专业领域，各司其职，做团队每个人最擅长的事情。谢屈波曾将一个创业公司做到了上市；另外两人在国外读博士后，掌握着行业领域前沿动态；而范小虎自称为"刘备"，能将一帮"大将"聚在一起战斗。

亲兄弟也要明算账。范小虎在合伙人的股权分配上有自己的一套办法："首先合伙人之间的权责利益一定要明确，白纸黑字红章都要有，并且有动态适应调节机制。"例如，4位股东虽然股权平分，但都有相应的销售任务，完成每单业务都可以单独拿提成，遵循多劳多得的原则。"合伙人之间的利益，只要股份、利润分得合情合理，大家一起合作都会愉快"。

经过3年的发展，博虎科技逐步确定以年轻人、大型医院、养老院企业为目标客户群体，年收入突破百万元。范小虎也被评为"2017年武汉创业十佳大学生"，入选"3551光谷人才计划"。

资料来源：刘振兴，杨洁. 创业团队如何逃脱"毕业即散伙"魔咒 [N]. 中国青年报，2019-08-02 (08).

【案例点评】

这两个案例很好地诠释了大学生创业者如何根据项目需要物色人选、组建团队并维系团队。与大部分大学生创业团队一样，这两个团队的合伙人也是同学、朋友关系，这些良好的私人关系在项目发展的过程中，有可能被破坏，出现"兄弟翻脸"的情况，因此事先定好游戏规则至关重要。两个案例中的项目负责人，很好地制定了游戏规则，明确了团队成员的权责，形成较成熟的企业架构，从而能维系创业团队的运转。

二、如何打动投资者?

案例 12-2

众筹餐厅——后会友期

(一) 项目设想

2015年7月7日的晚上,北京。农大学生潘启农、林大学生叶小滢,以及当时还在京东金融任职的北京人马里尧,一起商讨一个让他们仨都激动不已的项目。这3个人中,马里尧最年长,1985年生,土生土长的北京人,开过餐厅,也有着丰富的政府关系资源与餐饮资源;叶小滢,当时是一名大三的学生,自主创业做旅游平台,已有将近4万人参与出游,有着丰富的校园资源,同时曾经在做众筹的公司实习,有着众筹的经验;潘启农,大二,做过私募的风控,有着良好的市场能力与沟通能力,在农大有着丰富的校园人脉。这3个人一拍即合,决定要一起众筹大学生餐厅,叫"后会友期"。在他们看来,众筹好处多多,是对于众筹双方都受益的行为。首先,生产者和消费者角色融合了,对"主动"这一概念赋予了新的内涵。顾客通过筹集资金变成生产者,同时也是消费者,成为餐厅的长久客源,并带来持续宣传力;"股东"参与校园众筹,相当于买了一张入门券,认识更多志同道合的朋友,对接各校优质资源;后会友期作为平台给"股东"对接各种机会,让"股东"获得更多福利,拥有更多资源,进入名企实习等。他们希望,后会友期不只是一家餐厅,通过众筹积累资源,建立圈子,并最终形成一个大的社群。未来不定期举办主题聚会、联谊活动、文化沙龙、节日 party、大咖分享、创业实践……聚合更大的社会资源,成为年轻人的交流空间,成为高校与社会的连接纽带,成为远离家乡赴京求学学子的第二个家。

(二) 项目启动

有了初步构想后,他们先去咨询了许多行业内的人员。马里尧的表哥是某餐饮业巨头的高层,给了后会友期许多切合实际的建议与资源。在成本控制与厨师资源方面,该公司能给后会友期最大的支持。叶小滢之前曾在众筹网站实习,也咨询了不少前辈有关众筹的细则,而她在百度实习时的上司也曾有开餐厅的经历。潘启农找到了之前做私募时认识的律师朋友，咨询众筹的法律问题。

紧接着就是团队的组建。对于创业公司而言，团队的组建是十分重要的，甚至大于项目本身。所以，后会友期团队的组建十分谨慎认真。每一位团队成员都要通过3轮面试。只有拥有一定的校园资源或者优秀个人技能的学生才能加入团队。初始团队，后会友期采用的是寻找KOL的方法，也就是找到关键人物。学校里面的意见领袖，如学生会里的部长、主席，社团的社长，自主创业的团队等。马里尧、叶小滢、潘启农3个人在学校暑假期间分工寻找各个学校的KOL。经过一个暑假的筹备，后会友期从最开始的3个人变成了20个人的团队，有了自己的运营、市场、法务部门。

后会友期第一家店"学院路店"主要面向北京学院路的学生进行众筹。考虑到学生群体比较小心谨慎，为了降低风险，后会友期把入股门槛拉低。据调查问卷显示，大多数学生的生活费在2000元左右，因此第一家店，后会友期把起投金额定为1000元。做一个最坏的打算，假如这1000元赔掉了，对学生们生活的影响也不是很大。

(三) 项目推广

开学季，学生们拖着行李从各地返校，后会友期也迎来了宣传推广期。第一步是团队培训。马里尧、叶小滢、潘启农3个人将理念与宣传推广方式系统地传达给团队成员，使每一位成员都能清晰、生动地对外宣传后会友期众筹餐厅项目。9月中旬至10月中旬，后会友期采用的是线下推广的方式。首先，收集各个学校的资源，做好学校与工作的分工，将之分配给每一位团队成员，由团队成员各自完成任务；同时，在学院路各个学校开后会友期的宣讲会。后会友期曾走进北京林业大学、中国农业大学、中国矿业大学、北京语言大学、北京科技大学、北京航空航天大学、中国地质大学、北京体育大学的校园。伴随着项目的进程，后会友期团队发现，线下的推广吃力、速度慢、转化率低。经过了一个月的推广，知名度是有了一些，但大部分学生还是采取观望的态度，最后仅众筹了50万元左右。后会友期团队意识到，线下推广有其局限性。虽有利于增加品牌知名度，但是基数太小，股东转化率不高。于是，他们尝试走"大咖"之路，寻找众筹行业有知名度的学者、企业家，以及学院路各大高校的优秀校友，希望借"大咖"们的资源与影响力，提升后会友期的知名度。在这个过程中，项目得到了很多行内人士和校友的建议与支持，但众筹的数额增长不多，看来"大咖"之路也不是一个推广的好方法。团队迅速改变方针，决定以线上推广为重点。

后会友期微信公众平台很快完成审核，推出第一篇文章。文章由叶小滢编写，"写了两小时，改了一天"。文章一经推出，便得到同学们的自主转发。当时后会友期微信公众平台只有20个关注量，文章却有将近2万的阅读量。叶小滢、潘启农等也利用自身的高校资源，免费发动校园媒体协助转发该文章。我想认识你、校联帮、校联购惠生活、microtrip、相遇未名、bsu校园通、北体职协、北科微生活、伴随成长的印记等平台都帮助转发了第一篇推文。后会友期在校园里第一次有了比较广泛的知名度。很多同学被文章所动，主动联系后会友期团队，申请成为后会友期"股东"。同时，后会友期开展了线上宣讲会，在每所高校组建后会友期宣讲会微信群聊进行路演，省时、省力、有效果。通过线上宣传导流到线下见面细聊，最后转化为餐厅"股东"。团队成员每天被想要加入"股东"的同学们约得满满当当，很快在10天内就众筹了100万元。越来越多的优秀学生加入团队。团队规模在11月初达到了50人，股东达到将近200人。

（四）项目落地

2015年11月中期，账目上的钱达到了160万元，已经到了可以租店面的数额。后会友期租下了第一家店面，位于清华东路16号艺海大厦201室，紧邻中国矿业大学、北京林业大学和中国农业大学，距离学院路八大高校步行距离1000米以内，占地305平方米。2015年12月下旬，后会友期学院路店已筹集资金200万元，拥有400名"股东"，与60多个校园社团、组织保持着良好的关系。团队也拥有了两位新的核心成员，一位具有丰富的餐饮业经验，另一位旗下有二三十支乐队，他们的加入，使后会有期餐厅的运营更加具有操作性，也为未来业务的拓展打下了基础。

2016年春节，后会友期团队成员陆续返校，开始了餐厅开业前的准备：菜品的拍照，传单的制作，餐厅装饰品的购买与摆放，餐厅物资的采购，前厅人员的安排，开业前的线上宣传，互推校园媒体的联系，线下传单的铺设，开业当天的活动策划与礼品准备等。后会友期团队成员为了餐厅顺利开业，熬了两个星期的夜，只为了给顾客呈现最好的餐厅形象。2016年3月14日，赶着"白色情人节"的风头，"北京首家大学生众筹餐厅"在海淀区六道口艺海大厦开业。餐厅打出"学院路上的饭局被我们承包了"宣传口号，其消费者以附近十余所高校大学生为主。

开业以后，餐厅的推广与宣传持续进行，线上线下的推广渠道全面打开。许多来餐厅吃饭的顾客都主动拍照发朋友圈。开业后不久，许多媒体到餐厅对我们进行采访。《中国青年报》《北京青年报》《当代中国》和光明网，以及各大高校的官方媒体纷纷到餐厅进行采访跟进。媒体的主动报道让后会友期的知名度再度提升。股东们从新闻上看到了后会友期的消息，都兴奋地主动转发传播。其中，潘启农还作为创业榜样登上了中国农业大学的官方网站头条，并与学校的书记、校长建立了良好的联系。

从一个想法，到梦想实现；从默默无闻，到众所周知。在创业这条不那么舒适的道路上，后会友期的每一位成员都拼尽全力地在奔跑向前。

资料来源：1. 薛永基. 创业基础理念方法与应用［M］. 北京：北京理工大学出版社，2016.

2. 王晓芸北京高校学生"众筹"开餐厅［DB/OL］. 人民网－人民日报海外版，2016－03－25. http://finance.people.com.cn/n1/2016/0325/c1004－28225424.html.

【案例点评】

这个创业案例流传甚广，这支团队的创始人也因此获得了诸多荣誉。在这个项目中，投资人以在校大学生为主，团队是如何打动他们投资的呢？应该说在路演的过程中，团队下足了工夫。他们用精美的PPT展示餐厅的经营理念、运营模式、股东权益和监管机制，甚至把设计好的菜品图片也一一展示出来，看上去考虑周全、滴水不漏。而"最少只要投入1000元，就可以拥有一家'自己的餐厅'！"的口号，既迎合了大学生想创业、想当老板的普遍需求，门槛又足够低，很容易打动大学生们。

然而好景不长，早在2017年这个项目就失败了。不仅是后会有期，其他跟风而上的大学生众筹创业项目，都没有维持太长的时间，因此有必要分析众筹项目失败的原因：一是低门槛众筹的方式导致股东多达几百名，缺乏有效的公司治理模式，核心团队权力过大，财务不透明，逐渐失去股东们的信任。二是在核心团队的选择上，社会人士的加入固然带来了资源与经验，但也逐渐让原本的大学生创业团队失去掌控权，项目发展方向偏离初衷。三是众筹过程中的合同签订不够规范严谨，导致后期股东与项目创始人之间的多起法律纠纷，极大地损害了项目的声誉。因此，大学生创业者采用众筹的方式筹集资金，应对相关反律法规和已有案例进行深入的研究，避免犯同样的错误。

三、如何制订营销策略？

案例 12-3

创意产品——本土意识

走进北京南锣鼓巷，一家小店的门顶匾额格外惹眼，被设计成奖状模样，上面写着四个大字"本土意识"，个性而又怀旧。走进店里，"后改革开放"式的装潢风格，里面琳琅满目的商品充斥着"80后"的记忆：牡丹印花的铁皮暖壶、"三洋"的老式录音机，第一批彩色电视机还放着《葫芦娃》。当然这里不仅有属于这两位"85后"年轻人童年的记忆，更多的是他们亲手设计的小作品，写着"小金库""压岁钱"的钱包，印有"你办事，我放心""杰出青年"的粗布小袋，以"葵花宝典""九阴真经"等武林秘籍命名的线装日记本，白色搪瓷杯上更是印着"我要涨工资""用开水浇灌祖国的花朵""神马都是浮云"等调侃诙谐的话。就是这个约11平方米的狭小空间，承载了李宁和朱显的创业梦。

（一）无心插柳柳成荫

2008年北京奥运会，两位年轻人拍了一组"鸟巢"诞生的照片，他们花了一年的时间对"鸟巢"的建设做了一组跟踪和拍摄记录，让人们见证了"鸟巢"的诞生，作品《鸟巢》在安吉获优秀奖，在当时限量发行，一张以大约以1.0欧元销售，光顾的大多是外国人。当时他们还做了21张"宣言1980"的版画，引起热烈的反响，一张2800元起销售，销量比他们的预期要高很多。经过一系列销售过程他们发现，不仅是"80后"喜欢他们的作品，"70后""60后""50后"都能接受。于是，李宁和朱显逐渐发现了商机所在。但是，问题逐渐萌生，"大多数的年轻人不会花高价去收藏你的个人艺术品，版画的成本不是特别高，而且都是在学校期间做的，主要针对喜欢艺术的人群，销售渠道相对少。当时想能有某种渠道扩大销售群，让更多的人知道我们的作品就好了。"两位年轻人就新的问题开始进行新的突破，他们有了新的想法，通过做一些艺术衍生品，如把版画印到红色小本子、小钱包、小口袋，保持版画原有的风格不变，价格就能让年轻人接受了。

（二）创业火爆开场

2009年李宁和朱显从北京电影学院摄影学院毕业，开始了创业之路。

他们用大学期间办画廊、卖艺术衍生品挣的几万元钱，加上向家里借的10万元，在南锣鼓巷租下一间10平方米左右的店面，为品牌进行了注册，开起第一家"本土意识"。小店刚刚起步时异常火爆，地理位置方面的原因是南锣鼓巷比较适合进行艺术商品的销售，人口流动相对较大，国外游客多；消费人群面向不同层次年龄段的群体，老少、中外皆宜；最重要的原因还是自身优势，当时"本土意识"是南锣鼓巷第一家做怀旧"80后"风格的小店，两人的卖点就在于销售令人产生共鸣的怀旧产品。店里的每个艺术商品都是经过李宁和朱显冥思苦想亲手设计出来的，每个商品不仅充满了对20世纪80年代的回忆，还结合新时代主题进行了创新。"小店深受大众喜爱。一些回头客也会向他们的朋友推荐，带朋友过来，口耳相传之下就有了更多客源，开店半年就把借的钱还清了。"

（三）阻击山寨

然而好景不长，"山寨"风吹到了"本土意识"小店。对于这两位刚刚走出校门的应届毕业生来说，是一个不小的挑战。他们的创意产品，被抄袭、复制，仅南锣鼓巷一条街就有多家商店出售仿品，如此跟风之势弥漫在南锣鼓巷，"本土意识"丧失了原来的优势，陷入了火爆后的创业"瓶颈"时期。看到自己每天挑灯加班亲手设计的商品，被他人抄袭、仿制，摆在其他商店的柜台上销售，李宁和朱显心里有说不出的难受，一味地伤心难过也不能改变被抄袭的事实，两人只能化心酸为力量，冷静头脑，做出相应的对策。

面对"山寨"风肆意横行，两人决定不能坐以待毙，向"山寨"品宣战。两人为了证明"本土意识"的正统性和合法性，去申请了专利，通过法律进行维权，然后结果并不如意。两人于是调整战略，"你仿制我正在销售的产品，那我就再设计你没有的东西出来，只有这样才能守住我的阵地"。朱显透露："不能一次把所有的设计都拿出来，得一点点地往外拿，避免被一窝蜂全盘复制，天天仿，他也仿不到你的精髓，他也开不下去了。"

重要一点是必须具备一定的营销规模，通过开分店来拓展销售渠道。朱显说："当市场上绝大部分都是我们的正品在流通，客人很方便地就可以买到我们产品时，别人就不会仿得那么厉害了。"现在，"本土意识"在北京已经有六家分店，并有一个小厂。朱显说："我们有一个小厂，能够确保供货和产品质量，除了暖瓶不是从我们厂家生产，其他都是从小厂出产，质量、技术方面我们都严格把关，希望能把最好的商品呈现给顾客"。

目前"本土意识"已经开了6家分店，分别在烟袋斜街、后海、西单大悦城、南锣鼓巷，收支相对平衡，几个小店能正常运营。面对为何不借助网络平台拓展市场这一问题，两人认为，虽然网络能够带来更大市场，但并不是每个商品都可以拿到网店上去拍，有四个问题待解决：一是信誉问题。网店卖家最注重的就是信誉问题，获得买家的信任很重要，并且提高回头客的频率很重要。二是品牌意识问题。中国人的品牌意识低，消费者对原创产品没有概念，一般人只会根据搜索引擎搜同一类产品，哪家最便宜，最受好评就选择哪家，不会因为你的是原创品牌而提高买价。三是宣传问题。在网店上销售商品想要做大，需要依靠一定的宣传效应。当然，宣传力度与资金呈正比关系，而宣传力度与销量也是呈正比的关系，而两人在资金方面是欠缺的。如果只是投一点资金做个小广告，这样小打小闹还不如不做。四是仿冒问题。网店市场大、销量大，同时仿冒产品也最多，也许会像南锣鼓巷一样，一旦销量火爆，便造福整条巷子。所以，两人暂时不会在网络平台开店，要是同学们在网上买到"本土意识"的产品，只能说很不幸，你买的是仿冒品。

参考文献：根据蔡红建. 大学生就业指导工作研究［M］. 北京：北京交通大学出版社，2015.

【案例点评】

习惯了网络购物的大学生们，创业时对营销方式的设想大多偏向于线上销售，线下渠道往往被忽略了。实际上，线上销售的成本不菲，要在主流平台上冲量，都需要大量资金投入。销量如果快速增长，则还要面临随之而来的产能、质量控制和物流等问题，这些问题解决不当，将功亏一篑。案例中的两位大学生创业者，显然对此有充分的认识，他们坚持开线下文创小店，稳扎稳打，做成了北京旅游的热门打卡商店，他们的经验值得大家思考和借鉴。

四、如何应对突发情况？

案例 12-4

乡村研学项目"返浦归真"

集美大学返浦归真项目组

2019年3月，为了挖掘自然教育资源，集美大学师范学院的徐婧宜、林晓丹等六名同学跟随指导老师林海燕,慕名前往福建省宁德市寿宁县西浦村。西浦村村民以农业为主,收入不高,农闲时还需外出打零工。但在调研过程中,村民非常热情地接待了团队,这让团队上下都很感动,决心为西浦发展尽一份力。经过与村民代表交流,团队了解到当地尝试过多种方式脱贫,包括尝试升级观光旅游业,但效果不理想。团队认为升级旅游业,关键是找准方向。因此,团队成员结合专业优势,创新性地提出研学旅行。项目命名为"返浦归真",以7~12岁的小学生为目标对象,致力于打造特色、原创、富有教育意义的西浦研学项目,促进当地传统乡村观光型旅游升级,带动地区经济发展。

返校后,团队立刻招募队员,组织小组深度学习,安排进一步的调研计划。寿宁人徐玮琳同学来自师范学院,她加入团队后,发挥自己熟悉当地情况的优势,制定了更为合理的调研计划。2019年4月,创业团队深入西浦开展项目的调研。团队从自然、文化等角度筛选西浦资源,用于课程设计;对西浦旅游方面负责人、党委书记等干部进行深度访谈,了解西浦村的发展方向与规划;以问卷调查的方式对小学生家长、村民等进行调研,了解市场需求;进行竞品分析,力求在众多的研学产品中脱颖而出。很快,西浦村与创业团队共建共营"西浦研学旅行"微信公众号,招募研学学生,西浦研学项目开始步入正轨。

从春到秋,创业团队在指导老师的帮助下,设计出一系列独具西浦特色的研学课程。创业团队将研学课程投入当地实施,在实践与反馈的基础上形成体系,逐渐梳理出成熟的研学模式,使"返浦归真"项目更有可推广性。刚开始实施课程时,团队就遇到了问题:招不到学生。团队在4月底利用微信平台发布研学报名信息,但微信公众号的粉丝基础差,团队知名度不高,难以获得家长信任。因此在五一假期,创业团队先邀请当地4名小学生参与研学课程,试行研学课程体系1.0版本。据反馈可知,这4名小学生非常喜欢这种"在做中玩,在玩中学"的学习方式。回到学校后,为招募更多的研学学生,团队扩大队伍,招募工商管理、旅游管理等专业的同学,完善线上运营;同时借助集美大学师范学院校友资源,到厦门市的小学开展自然教育,推广项目。

2019年7月,创业团队成功招募到4名厦门市的小学生和4名西浦当地的小学生,邀请多名研学专家,一同前往西浦开展暑期研学营。团队与研学专家、西浦村民合作,实施更为丰富、系统的研学课程体系2.0版本。此次研学营以廊桥课程为主打,辅以食品教育、红色文化、状元典故等特色主题课程，反响极佳。2019年10月，团队在西浦成立了寿宁县星廊教育培训有限公司。团队与"西浦青年旅社"等餐饮企业、住宿企业、景区达成合作。我们还创新性地提出"村民研学老师"的概念，设计出一套专门的培训体系，经过三轮考核，将当地有意向的村民培训为研学老师，既保证了师资的可持续性，又能为当地村民提供闲时就业岗位。

2020年1月突如其来的新冠肺炎疫情，使大量研学机构遭受重创，我们的寒假研学计划也受到严重影响。然而，我们团队果断做出应对，将重心由线下转移到线上，以崭新的营销方式、更加丰富多元的课程、体贴的后续服务等方式突破传统研学，把握在线教育、电商带货等新兴行业的发展机遇，提高公司生存能力。团队开发了新的变现方式，我们巧妙地将"返浦归真"元素融入西浦农副产品、文创产品、原创绘本、微课等产品中，通过优质产品的销售，获得公司运营资金，实现产品与研学品牌的绑定，提高西浦研学团队的知名度。

疫情期间，电商带货异常火爆，成为解决农产品滞销的有效途径。团队希望通过电商助农，马上对村民进行电商运营的培训，得到广大村民的支持。2020年4月，团队在村委会的帮助下，锁定米糕干、高山茶等十余款农副产品资源，与相应企业、供方签订了合同。团队还为疫情滞销产品设计外包装，赋予其文化价值，实现农副产品溢价。在集美大学校友的支持下，我们利用志愿汇和青创心选等电商平台的扶贫专区，实现了多渠道销售。

2020年5月，我们的线上研学课程也正式推出。除了线上直播、录播课程之外，我们还销售具有当地特色的产品——木质拱廊桥。该产品已申请实用新型专利，既是传统文化的传播载体，也具有益智的作用，一推出就受到市场欢迎。目前，我们不断完善线上服务，对各平台进行数据监测，实现了在线学业辅导、书信关怀、社群平台等功能，增强了客户黏性。

新冠肺炎疫情下的西浦研学团队不仅没有停下脚步，反而逆势成长。我们希望总结西浦模式，将其推广到其他古村落，让美丽乡村焕发出新的生机。

【案例点评】

旅游产业是一个高度环境敏感性行业，这种敏感表现在非常容易遭受境内外突发事件的冲击和影响，从而导致严重的衰退和滑坡，形成旅游危机。2020年新型冠状病毒这只"黑天鹅"突然来袭，旅游业受到了巨大打击，研学旅游作为新兴的旅游类别，也不能幸免。很多大型旅游公司都难以为继,"返浦归真"这个大学生创业项目却没有放弃,反而实现了新的突破,这种应对危机的能力难能可贵。究其原因,不忘初心是关键。团队成员的创业出发点始终是助农、服务当地经济建设和文化传承。研学只是实现目标的方式之一,无论做农产品电商业务还是开发传统建筑益智玩具,始终都围绕项目的初心。希望大学生创业者,能从这个案例获得启发。

五、如何平衡工作和家庭?

案例12-5

以爱之名,礼行天下
珠海尚韵礼商书院创始人陈银娇访谈录

人物介绍:陈银娇,西南交通大学EMBA,澳门科技大学工商管理博士生,IPA国际注册高级礼仪讲师。她于2018年创办了国内首个跨境礼学应用教育研习基地——珠海尚韵礼商书院。书院立足于珠海,面向粤港澳,通过与澳门中华礼学文化平台合作共建,辐射"一带一路"沿线国家。

笔者:你觉得创业者要哪些素质?

陈:我自己的感受是一定要能接受挑战,要能坚持,要有面对各种各样困难的勇气。创业者身体素质和心理素质都要具备,道德品质也不能缺少,否则在创业路上很容易就走偏了。如果身体不好是坚持不了多久的,因为创业实在是太艰辛了。我每天工作到凌晨一两点钟,还舍不得去睡觉,总还有很多事情需要完成。例如,我现在清单上就有30件要做的事。我很少觉得累,感觉就像天天打鸡血似的,一件事接一件事情地做,充满激情。另外,创业者需要有不断学习的能力、广阔的胸襟和远大理想,应该把创业项目当作一个事业来做,如果只是为了挣钱而创业,则没有什么意思。

笔者:为什么选择这个创业项目?

陈:可能与我的家庭教育有关,我的家庭特别注重礼节,奶奶从小就教我传统礼仪。三年前,我通过系统学习,发现礼学的世界非常浩瀚,礼仪的力量非常强大。我们的愿景是让全球华人自信、优雅和幸福,说起来就六个字,但内涵深厚。我们的学员通过学习礼仪课程,人生有了很大的变化,如家庭关系从紧张变得和谐。礼仪课程适用于所有人,但我个人最希望能帮助女性朋友和留守儿童。项目愿景里的定位是全球华人,我们的确已经进行了国际化的探索,从去年下半年开始,我对接了加拿大、新加坡、英国、美国、印度尼西亚和肯尼亚的华人商会,大家都在关注传统文化,尤其礼仪这个方面的项目发展。因为疫情,目前国际的项目暂缓,我们先集中精力做好国内的部分,已经在226个城市签订了代理协议,未来三年预计做到300个分支机构。

笔者:团队建设方面有什么体会?

陈:团队建设是我的痛点。一个人真是忙不过来,团队太重要了。去年我曾有十几个人的团队,可能理念不一致,也可能是我没有及时满足他们物质上的需求。在公司业务发展非常好时,有人把团队成员带走,另起炉灶来接业务。这个事情让我非常受打击,我意识到不需要大团队,与其一一辅导团队成员,带着他们做事,不如找理念一致的几个核心成员。人人都能独挡一面,更有利于公司的发展。

笔者:作为一个女性创业者,怎么平衡家庭和工作呢?

陈:我觉得一个女性创业者一定要得到家里人的支持。我三天两头出差,我的孩子才八岁,要有人照顾他的起居、饮食和接送,要有人陪伴,还要有人辅导功课。所以我的先生和家里的老人付出了很多很多。我在家时尽量陪伴孩子。如果出差,我就通过网络视频跟孩子聊天,同时及时向家人了解孩子的情况。每次出差回来后我会跟孩子分享,我去做了什么事,帮助了哪些人,希望让孩子了解我的创业愿景。我能创业,要特别感谢我先生付出的巨大努力。对于女性创业者来说,家庭的支持太重要了。在我身边,就有女性创业者因为家人反对,逐渐失去信心而放弃创业的例子。

笔者:听说你工作再繁忙,都坚持做公益活动?

陈:我在高中二年级成为学校的志愿者,从此开始了公益之路。上了大学之后,我组建了爱心社团,参加的公益活动就更多了。毕业后,我利用业余时间参加过浙江、贵州、广东等地方的公益活动,其实有时候捐的钱不多,可是对贫困的孩子来说非常重要,决定着他们能否继续求学。作为西南交通大学EMBA爱心基金会副会长,我这四年来组织了EMBA的同学们资助四川若尔盖县的贫困孩子。原本我们计划资助他们到小学毕业,现在活动还在延续,也许会资助到他们读大学。期间我们还组织了四次募捐活动，给孩子们送去捐款捐物，平时也与老师们保持联系，时刻关注孩子们的学习情况。说到若尔盖，每一年去那里都要克服很多的困难，汶川、北川那边的路特别艰险。我每次去都会高反，但作为发起人，都咬牙坚持去。慢慢地，我对孩子们有了感情，甚至看到他们的第一眼就会哭，他们看到我们也会很感动，拉着我们的手不放。每当这种时刻，我就觉得再辛苦都值得了，做公益给人内心带来的满足感特别大。

【案例点评】

这篇访谈录中的主人公，是一位非常典型的女性创业者。她的项目选择充满情怀，传播礼仪的信念支撑着每天高负荷的工作。她渴望家庭和事业兼顾，对支持她的家人有深深的感激之情。她内心里非常渴望多陪伴自己的孩子，可在大爱之心驱使下，一次又一次克服时间上和身体上的困难，到偏远地区去资助贫困儿童。然而，追求完美、追求细节的倾向常常让女大学生创业者非常辛劳，在团队建设上靠人情和情怀，也常常让自己"很受伤"。因此，"柔软"与"铁腕"的平衡，事业与家庭的兼顾，始终是女性创业者需要考虑的主题。